震旦第一山

——峨眉山

主　编◎李小波
副主编◎刘小方　胡慧灵

西南交通大学出版社
·成　都·

图书在版编目（CIP）数据

震旦第一山：峨眉山 / 李小波主编. —成都：西南交通大学出版社，2022.10

ISBN 978-7-5643-8902-4

Ⅰ. ①震… Ⅱ. ①李… Ⅲ. ①峨嵋山 – 介绍 – 通俗读物 Ⅳ. ①K928.3-49

中国版本图书馆 CIP 数据核字（2022）第 165867 号

Zhendan Di-yi Shan——Emei Shan

震旦第一山——峨眉山

主编　李小波

责任编辑	居碧娟
封面设计	原谋书装
出版发行	西南交通大学出版社 （四川省成都市金牛区二环路北一段 111 号 西南交通大学创新大厦 21 楼）
发行部电话	028-87600564　028-87600533
邮政编码	610031
网　　址	http://www.xnjdcbs.com
印　　刷	四川煤田地质制图印刷厂
成品尺寸	155 mm × 230 mm
印　　张	14
字　　数	155 千
版　　次	2022 年 10 月第 1 版
印　　次	2022 年 10 月第 1 次
书　　号	ISBN 978-7-5643-8902-4
定　　价	56.00 元

图书如有印装质量问题　本社负责退换

编委会

象往峨眉（代序）

李小波

1998年，《地理知识》改版为《中国国家地理》，以最权威的地理解读，“推开自然之门，昭示人文精华”。我记得创刊号的卷首语，是北京大学城市与环境学院唐晓峰教授撰写的《马可·波罗缘何不见黄河泰山？》。对于广大读者而言，都知道《马可·波罗游记》，对于中国人而言，心中都有黄河泰山。但是，马可·波罗偏偏“有眼不识泰山”，原因何在？马可·波罗作为西方人，其书里没有中国文化的背景，只有猎奇的风俗。作为商人，他眼里只有各地的珍稀物产和交易场景，虽然他的游记被誉为西方认识中国的窗口，却出现了如此大的缺憾。

唐晓峰教授提出的“马可·波罗之问”十分有意义。中国这么多精彩的景观，谁来讲故事？给谁讲故事？如何讲好故事？在中国名山体系的形成和文化演变中，有六个人的故事对我颇有启发。

一是穆天子讲的“神话之山”昆仑故事。西周第五位君主周穆王姬满，带领历史上第一支“豪华旅游团”，起点为首都镐京（今西安长安区附近），目的地为昆仑山，以八骏天马为交通工具，天下第一等“司机”造父驾车，导游讲解是“地理通”伯夭，沿途地接有犬戎王、赤乌人首领，最后设宴款待的东道主是西王母，途中互赠的旅游商品是黄金、玉石、飞禽走兽、奇花异草、丝绸、铜器、美酒等。如此豪华的旅行团，令诗人陶渊明都不淡定了，赞叹“泛览《周王传》，流观《山海图》，俯仰终宇宙，不乐复如何”。《穆天子传》的最大贡献，是构建了昆仑的神山格局，奠定了名山之源的地位，使昆仑山成为万山归宗的“众山之祖”。

二是孔子讲的“比德之山”精神魅力。“仁者乐山、智者乐水”，将山水之格与人的品格相比拟。仁者爱人，如山之气魄高大巍峨；智者聪慧，如水之灵动百转归海。《尚书大传》解释“乐山”的意境：“夫山者，岿然高。草木生焉，鸟兽蕃焉，生财用而无私为，四方皆伐焉，每无私予焉。出云雨以通乎天地之间，阴阳和合，雨露之泽，万物以成，百姓以食。此仁者之乐于山者也。”所以，孔子以“巍巍乎”来赞颂尧舜禹的功德。到生命的尽头，孔子扶杖门外，唱起他熟悉的歌谣：“泰山其颓乎，哲人其萎乎”，泰山与贤人，都值得瞻仰和崇敬，司马迁尊称孔子为“高山仰止，景行行止”。在今天的游客心中，“景仰之山”仍然令人向往。

三是秦始皇讲的“天下之山”国脉故事。六王毕，四海一。统一天下之后，秦始皇除了“车同轨、书同文、行同伦”三件大事以外，还做了一件与地理相关的大事——“重序天下名山”，相当于制定了第一个国家地理战略规划。一是因为战国时期各国有自己的名山系统，必须纳入大一统的国土空间规划中。二是以前的名山分布，东部明显多于西部，与秦国兴于西部、定都于咸阳的“地德”不相符，于是，经过他重新钦定，崤山以东有五座，华山以西有七座，不仅东西平衡，还维护了都城的地理“C位”。所以，历代帝王将“山脉”视为“国脉”的象征，是谓“山川之灵，足以纪纲天下”。为了表达国家的威严，帝王亲自祭祀名山，去不了时还会遥遥“望祭”，所以，中国名山也是国家“威望之山”。

四是唐玄奘讲的“佛教之山”西游故事。玄奘到印度的目的，一是取回真经，二是朝拜源点。灵鹫山是释迦牟尼的讲经说法之地，精彩的演讲令诸神散花如雨，顽石纷纷点头。但是，深奥的佛经也并非人人能懂，当佛祖拈花示众的时候，只有摩诃迦叶会心一笑，深得妙法。我感觉玄奘来到这里，与“拈花一笑”有异曲同工的共鸣，他写道：“接北山之阳，孤标特起，既栖鹫鸟，又类高台，空翠相映，浓淡分色。如来御世垂五十年，多居此山，广说妙法。”花雨虽然不在，但灵鹫台上，怡然色色皆空。这支最奇特的旅行团队，一个人、一只猴、一只猪、一个怪、一匹马，从《西游记》开篇“混沌未分天地乱，茫茫渺渺无人见。自从盘古破鸿蒙，开辟从兹清浊辨”，到历经九九八十一难东归大唐：“圣僧努力取经编，西宇周流十四年。苦历程途遭患难，多经山水受迍邅。功完八九还加九，行满三千及大千。大觉妙文回上国，至今东土永流传。”汉唐佛法西来后，各大流派深藏于“禅意之山”，世间好语书说尽，天下名山僧占多。

五是杜光庭讲的“洞天之山”的福地故事。很少有人知道，杜光庭是中国名山体系构建中隐藏的蜀中大侠，真正的隐士。他随唐僖宗避难入蜀，也许见证唐朝的衰落，也许留恋天府的自然，滞留蜀中不归关中，后追随唐末五代十国的前蜀皇帝王建，官至户部侍郎，赐号传真天师，最后辞官隐居青城山，潜心撰写了《洞天福地岳渎名山记》，成为中国道教名山的集大成者兼标准制定者。十大洞天、三十六洞天是群仙统治居住的地方，七十二福地是修炼成仙之所。洞天福地体系是道法自然的无言之美：“有灵宫秘府，玉宇金台，或结气所成，凝云虚构；或瑶池翠沼，流注于四隅；或珠树琼林，扶疏于其上，神凤飞虬之所产，天鳞泽马之所栖；或日驭所经，或星躔所属，含藏风雨，蕴蓄云雷”；也是天地共生的忘我境界：“乾坤既辟，清浊肇分，融为江河，结为山岳。或上配辰宿，或下藏洞天”。杜光庭年轻时向往“人往高处走”，中年回归“水往低处流”，构建了“天地之关枢，阴阳之机轴”的道教名山格局。

六是徐霞客讲的“龙脉之山”回家故事。“五岳归来不看山，黄山归来不看岳”，其实，在徐霞客心里，“谁不说咱家乡好”，家乡才是最美的天地。徐霞客是中国旅游史上第一个用较全面的科学思维解读名山大川，以三十年最权威的旅游资历和“先抑后扬”的手法告诉游记的读者，江阴才是全中国最好的“国家地理”。从中国现存最早的地理著作《山海经》、最早的区域地理名篇《尚书·禹贡》开始，逐步形成了三大龙脉的地理观，与当代地理学的三大横向山脉基本一致，北部天山到阴山，中部秦岭连淮河，南部横断山至南岭。徐霞客认为“北龙夹河之北，南龙抱江之南，而中龙中界之，特短……惟南龙磅礴半宇内”，同时“龙与江同发于昆仑，同尽于余邑，屹为江海锁钥，以奠金陵，拥护留都千载不拔之基以此”。在他看来，南方龙脉最有气势，龙脉蜿蜒到南京成为著名的王都，但是，都需要老家江阴的鼎力支撑。我们不得不佩服徐霞客的家乡情怀和超常的预见力，改革开放以来，江阴一直在中国县域经济的排名中独领风骚，引领全国。徐霞客因山水而出发，因恋地而回家，一生的生命路径，诠释了中国名山的“来龙去脉”。

本书的写作也是为了讲述峨眉山的“来龙去脉”。李白是峨眉的最佳代言者。首先读懂山之源，“蜀国多仙山，峨眉邈难匹”，然后借鉴天下名山，“五岳寻仙不辞远，一生好入名山游”，最后含咀山水之英华，“阳春召我以烟景，大块假我以文章”。此等境界，虽不能至，心向往之。在北京大学城市与环境学院学习历史地理的过程中，顾颉刚先生的《禹贡》研究、侯仁之先生的徐霞客情怀、唐晓峰教授创办的《九州》对我影响极大，如何将地理之景映衬历史之象，让名山之文在大地成章，一直是我们想探索的。感谢峨眉山市委、市政府对峨眉文化研究的高度重视，感谢峨眉山风景名胜区管理委员会、峨眉山旅游投资开发集团对本书写作和出版的大力支持。本书致力讲好峨眉故事，助力峨眉山从世界遗产走向世界重要旅游目的地，从中国名山走向世界名山。

为了便于读者阅读，本书按照峨眉山的文化特点和类型，分为峨眉秀（峨眉自然风物）、峨眉道（仙道传说与峨眉）、峨眉禅（历代寺僧与峨眉）、峨眉印（各朝帝王与峨眉）、峨眉范（文化名流与峨眉）五个部分进行讲述。峨眉山是一座历史名山，也是一座时代之山，更是一座未来之山，为了峨眉山文化的保护传承弘扬，在本书的基础上，我们正在写作下一部《峨眉山传》，从学术角度解读峨眉山的自然价值、人文价值和旅游价值。在中国四大佛教名山之中，峨眉山普贤吉象，光明圆满，大行大愿，值本书出版之际，祝愿国泰民安，太平有象，万象更新。

總圖

自峨眉縣出南門至正頂計程百二十里凡山路水道寺宇峯巒古蹟了了備載燦若列眉餘詳散圖

顧復初書

譚鍾嶽繪

峨山圖說

目录 CONTENTS

引言　峨眉何以天下秀?

峨眉天下秀！这似乎是人所共知的常识。

但是，中国的名山，各有秀色，峨眉山何以号称“天下秀”？

“会当凌绝顶，一览众山小”，登泰山可以小天下，历代帝王在这里封禅，五岳独尊，舍我其谁？“五岳归来不看山，黄山归来不看岳”，是一代游圣徐霞客行走中国后的定论，绝美黄山，天下无山，谁能与辩？“只有天在上，更无山与齐”，华山论剑，谁与争锋？“天姥连天向天横，势拔五岳掩赤城”，不老天姥山，不逊五岳色。“相看两不厌，唯有敬亭山”，徽州入梦里，读你千遍也不厌倦……

各有千秋的中国名山，尽在苏东坡的一诗哲理。无论你走过多少山，不过是“横看成岭侧成峰，远近高低各不同”。名山若要论高下，也许是“不识庐山真面目，只缘身在此山中”。

把峨眉山放到中国名山体系中进行比较，峨眉山的秀，是生态之秀，是禅意之秀，也是山之领袖，所以，历史文献盛赞：“昆仑伯仲，高出五岳，秀甲九州，震旦第一山。”

从中国现存最早的地理著作《山海经》、现存最早的区域地理名篇《尚书·禹贡》到现代地理科学，形成了三大横向山脉体系。从“众山之祖”昆仑山出发，穿过巴颜喀拉山，北方之脉穿过天山、阴山，到达北京；中部之脉穿越秦岭，抵达关中的西安和中原的洛阳、开封；南方之脉，从四川岷山、邛崃山出发，并行长江沿至南京和江南诸山。唐代著名天文学家一行将中国山脉分为“北戒”和“南戒”，峨眉山为南戒之宗。徐霞客说，三大山脉中，唯有南方之脉最为气势磅礴，声震宇内。峨眉山，是引领南方山脉的标志。

中华文明凌空大度，构建出“九州五岳”的经典格局，是儒家文化“大一统”思想在空间地理层面的具体表现。大禹治水后，将全国划分为九州：雍州、冀州、豫州、兖州、青州、徐州、扬州、荆州、梁州，组成山河一体的“九宫格”，代表着华夏版图的四正（东、南、西、北）+四维（东北、西北、东南、西南）+中央国土。东岳泰山、西岳华山、北岳恒山、南岳衡山、中岳嵩山，分别矗立在五方。四大佛教名山布局其间，江山稳固，国土庄严。

山脉如国脉，秦始皇统一中国以后，除了“书同文、车同轨、行同伦”三件大事，还做了一件与地理有关的大事——“重序天下名山”，春秋战国各自分散的名山体系，必须纳入国家一统的体系。同时，先秦的名山体系，东边多于西边，不平衡的空间分布，让秦朝都城没有位于国土中心，择中立国，必须重构名山空间格局，是谓“山川之灵，纪纲天下”。

在秦始皇的名山体系中，最西边的山是岷山，《尚书·禹贡》提到“岷山导江”，影响中国人文地理数千年，岷江开启了长江文

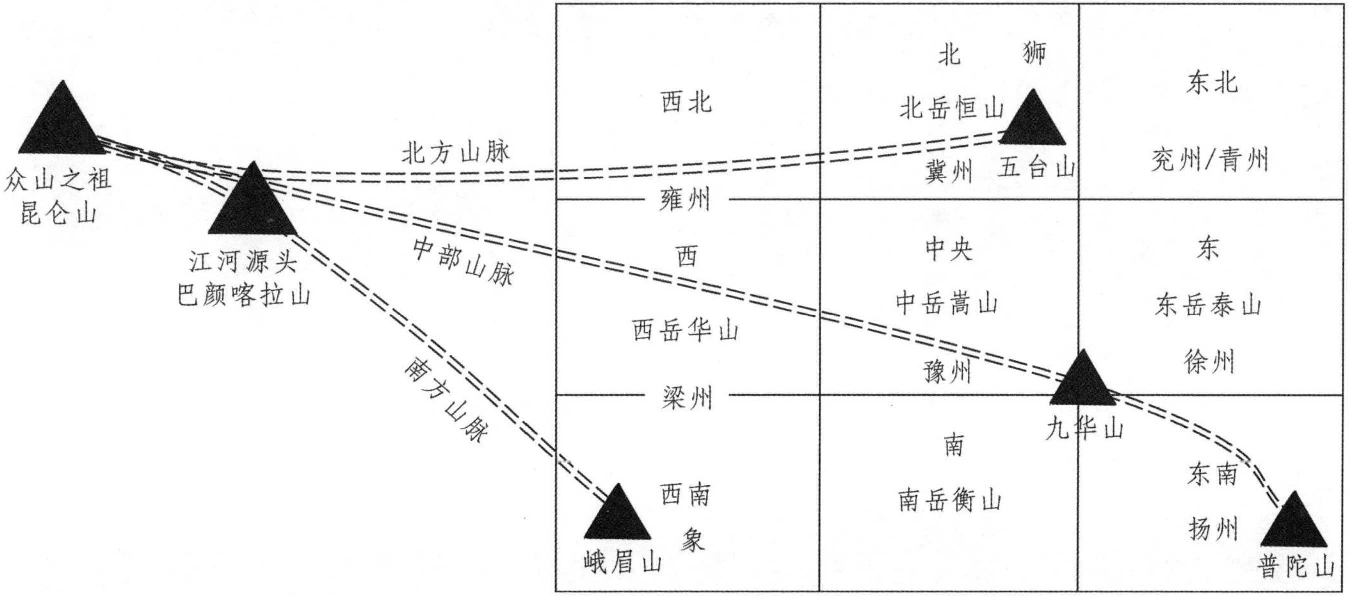

中国三大山脉、九州五岳和四大佛教名山格局图

化的源头，流经成都到达乐山，接纳了青衣江、大渡河，让峨眉山处于三江环抱之中。在乐山古城的瞻峨门上，仰望金顶，可尽览山水秀色。

中国现存最早的地方志《华阳国志》，提出峨眉是“天府的城郭”，“西嶂峨嶓”，城以卫君，郭以守民，峨眉山山奇水秀，护佑着天府之国。

在四大佛教名山的文化演变中，九华山是地藏菩萨的道场，地藏菩萨代表孝亲尊师。普陀山的观音菩萨，以大慈大悲，观世自在。五台山的文殊菩萨，智慧无边。峨眉山的行愿合一，光明圆满，十方普贤，接引众生。

行走峨眉，一路大千世界的行愿之旅，光明之途，登临峨眉，心皈秀甲天下的山之领袖。

峨眉秀

峨眉自然风物

下華嚴寺
普賢石

“百年修得同船渡，千年修得共枕眠”，人生的历程，以十年、百年计；“自从盘古开天地，三皇五帝到于今”，人类的历史，以千年、万年计；“天地玄黄，宇宙洪荒，日月盈昃，辰宿列张”，地球的演化历史，以万年、亿年计。

“世为迁流，界为方位”。佛教的世界，以无穷、无尽计。《楞严经》说：“世”为时间，过去、现在、未来，无穷无尽。“界”为空间，东南西北，四维上下，无边无尽。

人生的年华，人类的历史，地层的年轮，在峨眉山层累叠加，从小千世界，中千世界，到大千世界，一叶一菩提、一木一浮生、一石一地层、一云一天际、一墨一画卷、一生一轮回。

千里之山，不能尽奇；万里之水，岂能尽秀？然而，峨眉天下秀，代表着中国的山水经典，《峨山图说》中的“峨眉十景”，犹如一首国风长歌，展开一幅林泉高致的图景，春山如笑，夏山如滴，秋山如妆，冬山如眠，在可居、可游、可望、可行的峨眉行旅中，尽善尽美去，大美无言归。

风声（白水秋风）、水声（双桥清音）、雨声（洪椿晓雨）、雪声（大坪霁雪）、钟磬声（圣积晚钟），声声入耳。

山色（灵岩叠翠）、月色（象池月夜）、云色（萝峰晴云）、寺色（九老仙府）、佛光色（金顶祥光），色色皆空。

峨眉地质：
亿年修得同船渡

震旦第一山：东方的地质年轮

震旦纪（Sinian Period），是峨眉山最古老的地层，距今约8亿～5.7亿年。震旦纪的得名，与佛教颇有渊源。古印度人称中国为Cinisthana，在佛经中被译为震旦。德国著名学者李希霍芬，首先将“震旦”作为中国地层的科学名称，与他提出的丝绸之路概念，堪称对中国文化最显著的两大贡献，显示出独特的东方魅力。更令人叹服的是，《峨眉山志》称峨眉山为“震旦第一山”，演绎了自然与人文的完美结合。

峨眉山地质研究始于李希霍芬，最早的报道见于他在1882年所著的《今日的中国》。华西大学福斯脱教授在1923年发表的《四川地质记》中，对峨眉山地质有简要记述。1929年8月，我国地质学家赵亚曾首次到峨眉山进行地学考察。他花了5天时间攀登峨眉山，3天上山，2天下山，完成了地质图和地层剖面图，不仅将峨眉山地层划分清楚，而且比较准确地揭示了峨眉山的地质构造全貌。这一辉煌成就，即使以今天的眼光来看，也令人敬叹。

继往开来的科学家们，建立了峨眉山从震旦纪到第四纪完整的地层剖面，尤其是许多以峨眉山命名的地层，成为国际公认的标志，如“峨眉山玄武岩”“峨眉山花岗岩”“洪椿坪石灰岩”“洗象池灰岩”“大乘寺层”“嘉定层”“遇仙寺组”等。

峨眉山的地质演化历史，一半是海水，一半是火焰。8亿～5亿年前的震旦纪，峨眉山还处于海洋环境之中。约3亿年前的二叠纪，大规模的岩浆运动从海底喷薄而出，形成峨眉山玄武岩。2亿年前的三叠纪，峨眉山结束了海洋历史，进入大陆环境阶段，这也是恐龙从繁盛走向灭绝的转折时期。距今7000万～300万年之间的喜马拉雅运动中，造山运动、断裂运动、岩浆活动此起彼伏，形成了峨眉山的基本格局。

峨眉山背斜犹如一个巨大的穹窿，在四川盆地边缘拱卫成宏大的山体，经过8亿年的孕育，千万年的冰川、流水侵蚀和沉积，沧海桑田，万物更新，大自然的鬼斧神工，雕刻出层峦叠嶂的峨眉秀色。

峨眉山地层演化史是自然的伟力，峨眉山著名寺庙的修建顺序，则将一次次轮回定格在地层的年轮上。

初殿是峨眉最早的寺庙建筑，传说东汉采药人蒲公在此追逐一只鹿，忽见鹿的足迹盛开如莲花。而初殿的位置位于最古老的震旦纪地层上，旦复旦兮，日月光华，步步生莲，佛光初现。

从接引殿到金顶的寺庙群，是峨眉山的造山运动第二个阶段。岩浆形成的玄武岩覆盖在山顶，形成巨大的桌山，正中矗立十方普贤和华藏寺，六边形的柱状玄武岩勾勒出断层的边缘，金刚崖上有云海环绕，佛光吉祥。

三叠纪海陆变迁的地层上，集中分布了报国寺、伏虎寺等低山寺庙群。随着恐龙时代的结束，始祖鸟飞翔空中，飞来殿建筑对应其上。穿越过第四纪冰期，人类起源的曙光出现，峨眉山市位于山前的沉积地层上，从城市到山巅，山麓生活的人人之系，山间对话的人神之间，山顶辽阔的天人之际，峨眉山的自然演化与文化传承，诠释了地质沉积年轮与人类历史年代的巧妙对应和圆满格局。

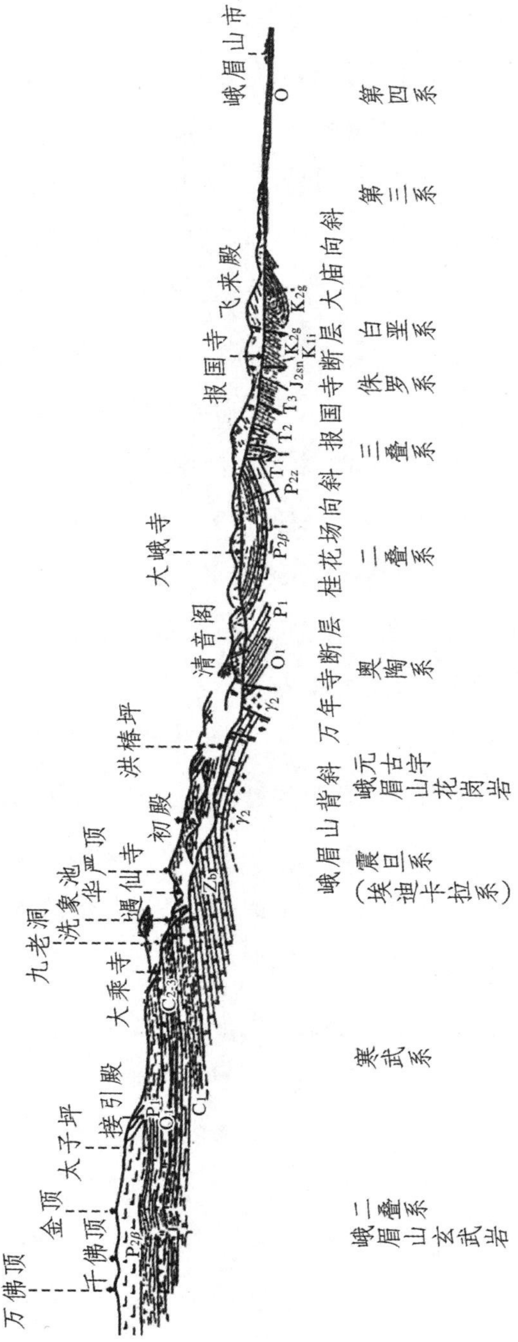

峨眉山古建筑与各年代地层

普贤船：驶向金顶的渡船

普贤船位于龙门洞地质公园，是著名的地质景观和标志，二叠纪和三叠纪岩层在这里分界明显。向上是二叠纪峨眉山玄武岩，向下是三叠纪典型剖面。

二叠纪始于距今2.99亿～2.5亿年前，根据德国地质学家阿尔弗雷德·魏格纳的“大陆漂移假说”设想，地球大陆在古生代石炭纪以前是一个统一的整体——盘古大陆，与中国的“盘古开天辟地”有异曲同工之妙。这一时期也是生命发展的关键时期，蕨类植物衰退，裸子植物和两栖动物开始兴盛。二叠纪末发生了神秘的海洋生物灭绝事件，原因尚不明确。从龙门洞往上潜行，华严顶至初殿的途中，石阶上保留有珍贵的三叶虫、螺、贝类化石，它们见证了二叠纪的海陆变迁。

龙门洞三叠纪是我国地质学家建立的标准地层剖面，是世界上少见的三叠纪最典型沉积相标志剖面，有砾石、板草到沙纹层的河流相，有潮汐作用的潮坪相，有膏化白云岩、微晶白云岩和波斯湾阿布扎比相当的萨布哈相，也有开阔的台地相和海湾相。类型之全、特征之典型，令中外地质学家纷至沓来，叹为观止。

科学的自然景观被峨眉山赋予了文化联想。传说当年普贤自西来峨眉山时，这里还是浩瀚大洋，普贤将载经之船停靠于此，搬运经书上山，经书还未搬完，水已退去，经船搁浅。为防经书被盗而散失，普贤施展佛法，将其化作石船，留存至今，当地人称“石船子”。今天看到的景观，在清澈溪流拥簇之中，一层一层岩石错落有致地排列，恰如一页一页的书卷，船头朝着金顶，佛渡山水。

普贤船被峨眉高僧赋予了无穷禅机。唐代昌福达道和尚，住在华严寺。一日，一寺僧问他：“普贤如何驾石船？”昌福达道答曰：“师是这个亘古亘今。”不愧为达道之名，亘古亘今，日又日新，佛法无边，何须亲驾。

普贤船好似自然景观与人文景观的连接纽带，从地质地层沉积的“海相”“陆相”“河流相”，到佛教文化中的“人相”“众生相”“寿者相”，相因景异，相由心生。自然象形的石船子，也被喻为普度众生的慈航。无论小乘佛教还是大乘佛教，“乘”都是梵文yana（音译“衍那”）的意译，有“乘载”或“道路”之意。这艘神奇的普贤船，承载着自然山川和生灵的和谐，从古海陆生的地质世界走向众生的彼岸世界。

中国桌山：天地之柱玄武岩

峨眉山玄武岩是我国著名地质学家赵亚曾最早发现并命名的地层。1926年6月，他3天上山，2天下山，写出了峨眉山最早、最权威的地质报告，画出了峨眉山完整的地质剖面图。结束了峨眉山的考察后，他又前往云南昭通考察，在穿越云南的密林中，土匪以为他和助手挑的箱子里装的是金银财宝，便围攻抢劫。赵亚曾与之争执，土匪残忍地将他杀害后，打开箱子一看，发现里面全是石头。这位才华横溢的地质学家就这样牺牲在考察途中，年仅30岁，这是中国地质科学史上最令人痛心的事件。但是，峨眉山没有忘记他，金顶的一块石碑上镌刻着他的贡献：“二叠系峨眉山玄武岩——1929年赵亚曾命名”。他的科学发现永远定格在峨眉山巅。

2.5亿年前，一次巨大的“峨眉地裂运动”，大量的地心熔岩从裂缝中喷发，岩浆温度高达1200℃。高温岩浆有一定的黏度，地势平坦的地方，岩浆流动异常缓慢，然后逐渐冷凝。这些巨大的岩浆冷却后，形成了巨大的“盖层”。盖层之下是石灰岩，由于玄武岩的岩性坚固，下面的石灰岩被侵蚀后，伴随着断裂、崩塌等作用，便形成了形似桌面的山岳。岩浆冷却过程中，有一层层犹如摊煎饼一样的层理，也形成六边形的柱状结构，蔚为壮观。其分布面积达40多万平方千米，平均厚度达750米，最厚的地方可达5000米，分布广度可达川、滇、黔交会处。

在南半球有两座桌山最有名。一座是南美洲巴西、委内瑞拉、圭亚那交界处的罗赖马山，其平坦度最大、相对高度最大、平台面积最大。另一座是非洲的开普敦桌山，开普敦市围绕山体建设，山下灯火辉煌，桌山矗立于天地。峨眉山桌山与周边的瓦屋山、大瓦山构成了世界最著名的“品”字形桌山，相互辉映，妙立云间。桌山，是上帝的餐桌，是释迦的佛案，是道教的仙台，是世界的奇观。

峨眉植物：拈花一笑的禅意

植物王国峨眉山

在亚欧大陆的植物区系中，峨眉山处于东亚植物区系和地中海-喜马拉雅植物区系之间，犹如一座绿色海岛、一艘生命之舟。峨眉山及大相岭、邛崃山区域以东受岷江阻隔，以西及以南受大渡河阻隔，形成了一个自然环境相对隔离的区域：降水量大、云雾多、日照少，为“华西雨屏带”的中心部位，加之自然垂直带比较完整，构成植物王国的生境条件。我国著名植物分类学家王文采院士在《峨眉山植物》中说，“峨眉山如此狭窄的区域范围内高等植物种的数量竟达到了3703种，其中包括了106种特有植物，以及158种濒危植物，这些数字足以说明，峨眉山是植物区系方面的一座奇山、宝山，在世界的大山中也属罕见”。

峨眉山山体海拔从550米的报国寺到3099米的万佛顶，呈现了从低山的亚热带常绿阔叶林到中山的常绿与落叶阔叶林-亚高山针阔混交林、暗针叶林-灌丛、草甸等5个植被带构成的垂直植被系列。此垂直变化相当于将当地的纬度向北延展了25个纬度，山下为中亚热带，而山顶则已类似于北纬54度左右的亚寒带。在峨眉山可以看到北半球从亚热带到亚寒带的众多高等植物科属的代表。

峨眉山全山森林覆盖率达87%，有植物近5000种，其中已知高等植物有242科，3700种以上，占中国植物物种总数的1/10以上，占四川植物物种总数的1/3；特有的植物有107种，占中国特有植物的11.56%；属国家首批重点保护的植物有31种，占全国保护植物总数的10%，其中有1级保护植物珙桐、2级保护植物桫椤等。引为模式的峨眉山植物有569种，有100余种以“峨眉”为词头命名，受立法保护的濒危植物共有158种。全山有五大自然保护区：高山杜鹃保护区、冷杉保护区、桢楠保护区、珙桐树保护区和野生猴保护区。

鸦片战争以后，欧洲植物采集者蜂拥而来。1877年，英国外交官E. C. Baber首次到峨眉山考察。1887年，英国药学家E. Faber进山采集植物标本。接着，英国采集家A. E. Pratt于1889、1890年来到峨眉山采标本。1893年，俄国地理学家G. Potanin到峨眉山采集。英国园艺学家亨利·威尔逊（E. H. Wilson）从1899年到1918年5次来我国，先后为维奇园艺公司和哈佛大学阿诺德树本园采集了大量植物标本等，曾在1903、1904、1908、1910年到峨眉山进行过深入采集。1910年，日本采集家I. Yamazuta到峨眉山采集。他们所采集的标本分别收藏在英、美、俄、日等国的植物标本馆中，研究成果则发表在各国的相关植物学期刊上。

威尔逊对峨眉山尤为钟情，第一次登上峨眉山，便抑制不住心中的激动：“壮丽的景色展现在面前。上面有耸立近1英里高的巨大石灰岩悬崖，下面是山谷的平原，白云密布，山峰从云端露出，有如海上之岛屿。西面是西藏边境终年积雪的大山；南北两面，极目远望呈现出壮丽的全景。植物分布带之间的差别同样使人吃惊，印象深刻。下面直至被云雾遮蔽处，是种类三富、深绿色的植被；而上面已是一片秋色，从淡黄至深红色彩十分丰富，在深绿色的冷杉树丛的衬托下，显得格外突出。全部景物都沐浴在阳光下，微风阵阵，处处有美丽的蝴蝶飞来飞去，好像并不觉得冬天已经临近。这寂寥与宁静极为肃穆，只偶尔被附近树上或灌丛中鸟鸣的歌声打破。这景色真令人毕生难忘。”

1937年，著名民族资本家、四川省建设厅厅长卢作孚，聘请植物学家、庐山植物园主任秦子农到峨眉山筹建四川省林业试验场，总部设在红珠山原蒋介石公馆处。同年，著名植物学家方培文教授率领四川大学师生40余人来山，对峨眉山的植物进行全面考察和系统研究，著有《峨眉植物图志》。方培文在该书序言中写道：“峨眉誉满天下，其名以佛教圣地彰，以风景幽胜彰，以珍禽罕兽奇花异卉彰，而自植物学观点言之，其种类蕴藏之宏富，新种发现之繁多，亦宜其腾听中外也。”

佛教文化与生态相生相伴。清代《峨眉山志》记载，游览峨眉，“其间动物植物，何可胜数。凡来山者，须得此山一草一木，若飞若走，皆具普贤智慧德相之眼，庶可触境明心，闻声悟道，直下知归，不致当面错过也”。传说释迦牟尼在灵鹫山说法的时候，空中布满鲜花，天花乱坠，五彩缤纷，旁边的石头也点头称颂，顽石点头，场景动人。忽然，佛祖拿起一朵花，拈花示众，众人不得其解，面面相觑，只有摩诃迦叶，破颜微笑。这会心一笑，是对最高智慧涅槃妙心，心领神会，同时找到了打开微妙法门的特殊途径。在峨眉山，拈花一笑的生态之灵，直达大光明顶金顶。

峨眉杜鹃：太阳轮回的子规

唐代著名诗人李商隐在《锦瑟》中写道：“庄生晓梦迷蝴蝶，望帝春心托杜鹃。”杜鹃具有古蜀的文化基因。传说第四代蜀王望帝杜宇将帝位让给开明丛帝，自己归隐西山，化作杜鹃鸟，但他依然爱护子民，心念农事，每当春季就唤醒百姓：“快快布谷，快快布谷！”直啼得口中出血，染红漫山的杜鹃花，留下了“杜鹃啼血”的典故。

中国有关杜鹃花的记载，最早见于汉代《神农本草经》的“羊踯躅”，但最初被列为有毒植物。唐代出现了观赏性杜鹃花，移入庭园栽培。诗人白居易对杜鹃花情有独钟，亲自栽培，可惜第一次移植未成活，“争奈结根深石底，无因移得到人家”。终于移植成活后，他又写道：“忠州州里今日花，庐山山头去年树，已怜根损斩新栽，还喜花开依旧数。”

近代鸦片战争以后，进入古老中国的不仅有坚船利炮，还有一批“植物猎人”。他们带着采集到的杜鹃花等战利品“漂洋过海”。威尔逊被称为“打开中国西部花园大门”的植物学家，1899－1911年，他受聘于英国维奇园艺公司和美国哈佛大学，先后4次进入中国采集植物标本和种子。在前后长达12年的时间里，一共收集了65 000多份植物标本（共计4500种植物），并将1600多种植物种子和切根带回了西方。威尔逊采集的杜鹃花活材料有60余种，其中采自峨眉山的威尔逊杜鹃亦称皱皮杜鹃，即以其名字命名。1913年，威尔逊出版了他毕生最著名的专著《中国：世界园林之母》。为表彰他所做出的卓越贡献，维奇公司特地用5块纯金片和41颗钻石制成了“黄色罂粟花”（全缘绿绒蒿）形状的一枚胸针作为对他的奖励。在我看来，“罂粟花”的奖励，也许有着“西方植物猎人”的双重含义，既是探索者，也是盗采者。

中国境内400个左右的野生杜鹃种陆续进入欧洲。引种栽培中国原生杜鹃花最多的植物园主要有英国皇家爱丁堡植物园（360种）、苏格兰布鲁迪克城堡园（250种）、苏格兰英威园（250种）、美国杜鹃花物种植物园（200种）、苏格兰克瑞园（220种）、美国哈佛大学阿诺德树木园（100种）。在欧洲，你进入100个植物园，就有100个植物园引种栽培了中国的杜鹃花或其杂交后代；你进入100个苗圃，就有100个苗圃出售中国杜鹃花的杂交后代；你进入100个家庭花园，至少有90个会向你展示中国的杜鹃花。来自中国的杜鹃花颠覆了欧洲人的审美，也改变了世界园林。

中国是“世界杜鹃花植物王国”，最早的探索始于峨眉山。植物学家方文培1927—1930年3次进入四川考察植物，在从金佛山到峨眉山的路上遭遇土匪劫持，而后在瓦屋山迷路4天，带回2万多种标本。他撰写的《中国的落叶杜鹃》是中国人最早在西方发表的杜鹃研究论文，提出了中国是世界杜鹃花分布中心的论断。他在抗战时期来到峨眉山，系统研究杜鹃，发现了33个新种杜鹃，为西南地区的杜鹃研究打下了坚实的基础。他1980年主编的《中国四川杜鹃花》，被英国皇家园艺学会会刊给予高度评价——“内容丰富，超越以前，是一部空前的著作，价值甚高”。

植物学家庄平先生，在峨眉山研究杜鹃9年。他认为四川的杜鹃品种数与西藏持平，有182种。最多的是云南，有260种，但颇具观赏性的云锦杜鹃亚组均在四川；漂亮的麻花杜鹃以及川西杜鹃亚组，在四川最为集中。峨眉山、瓦屋山就有杜鹃以及变种数十种之多，是上天赐予四川的宝贝！

峨眉山杜鹃最早被僧侣们尊为佛花，又名桫椤花。清人彭之吉诗云：“桫椤原是佛前花，开遍峨山灿若霞；不信佛身常住世，见花如见佛无差。”峨眉杜鹃集中分布在海拔2300～2600米的雷洞坪一带，有美容杜鹃、山光杜鹃、金顶杜鹃、树生杜鹃、问容杜鹃、皱皮杜鹃、芒刺杜鹃、海绵杜鹃等中国特有珍稀种类。

长蕊杜鹃因纤细的雄蕊长伸出于花冠之外，别具风韵而得名。它分布在海拔500～1600米的龙门洞、清音阁、大峨寺、万年寺观心坡、洪椿坪一带，素雅的银花低垂于黑龙江畔的山崖上，清流倒映，明丽如画。花期4—5月，果期7—10月，是花姿独特俊俏的名贵品种。

疏叶杜鹃又名汉士杜鹃。清光绪十三年（1887）为德国费伯首次发现。分布在海拔1000～1600米之间的洪椿坪、宝掌峰、大坪和北面猴子坡、九十九道拐一带。花萼颇大为其特征，总状伞形花序，有花7～12朵，花冠白色呈漏斗状。其花期4—5月，果期9—10月。

树生杜鹃生长独特，附生于冷杉树上，或生长在岩坡苔藓之中，能自造养分，分布于海拔1800～2540米的九老洞至接引殿一带，为峨眉山最小的高山杜鹃。盛开时，高悬于树干或峭壁上，似空中花篮、云中盆景，令人惊叹不绝。

黄花杜鹃叶厚革质，披针形或长圆状披针形，两面均疏生黄色细小鳞片，花冠为黄色或淡黄色，呈阔漏斗形，生于海拔1800～1900米的九老洞至华严顶一带。其花期4—5月，果期10—11月，清丽含娇，恬静高雅。

问客杜鹃又名承先杜鹃，生于海拔2400～3077米的连望城、白云亭、雷洞坪、七里坡、天门石、金顶和千佛顶等地，与冷杉或箭竹丛构成高寒地区的奇异景观。其叶形多变，伞形花序，顶生，花3～4朵，微带芳香，花冠呈漏斗形，黄色或淡黄色。其花期5—6

月，果期8—9月，于途中向攀登者致意，笑问客从何处来。

皱皮杜鹃是峨眉山高寒地带特有小环境下的优势种，分布于白云亭至雷洞坪一带。叶片十分独特，叶厚革质，倒卵状，或倒披针形，表面的中脉、侧脉和网脉呈波状粗皱纹，幼时披黄色毛和腺体，下面的叶脉突起，密披由簇状毛和星状毛组成的淡棕色厚毛被，构成一叶华丽的装饰图案。顶生总状伞形花序，花冠呈漏斗状钟形，浅肉红色，或白色，花管内有红色斑点。其花期5—6月，果期7—10月。皱皮杜鹃密如花墙，千姿百态，如天然巨型盆景，傲视万仞深壑，展示出生命的伟力。

金顶杜鹃是峨眉山的名贵品种，生长于海拔2600～3099米的高寒地带。德国人费伯首次采得这种鹃花标本，故又称费伯杜鹃。顶生总状伞形花序，有花6～10朵，花冠呈钟状，白色或白含粉红，花管内上部有紫色斑点，基部为紫色斑块。其花期5—6月，果期9—10月。5月，在金顶，一树树红的花蕾，白的花瓣，把险峻的舍身崖打扮得分外俏丽；盛开后，犹如峰顶一派晶莹的初雪。

美容杜鹃是峨眉山极名贵的乔木杜鹃花，也是四川杜鹃中的珍品，生长于海拔2400～2500米的大乘寺、连望坡、白云亭、雷洞坪、双水井、弓背山一带。花15～20朵，最多可达30朵，簇聚枝头，成顶生总状伞形花序，花色粉红，娇丽柔美。其花期4—5月，果期8—9月。美容杜鹃以它最长大之叶、最繁艳之花，冠压群芳，有“杜鹃皇后”之誉，本地习称“美人红”。其盛开时，大如锦盘，雍容华贵，覆盖着枝叶，形成花海。

杜鹃花在民间寓意男女间的爱情，江南一带流传着善吹排箫的后生与一位叫鹃子的少女之间的悲情故事，经历了与官家、帝王之间的情感纠葛，少女沥血而死变成了“五宝绿珠”的杜鹃花，而后生则幻化为鸟，整日绕着“五宝绿珠”吟唱着排箫般的挽歌。杜鹃花在不同的民族中还象征着爱情、美丽、勇敢、圣洁、哀思。

峨眉山的杜鹃花还与佛有着独特的缘分，古称“娑罗花”。《阿含经》中说比释迦牟尼早期成佛的毗舍婆，就是在这种娑罗花下悟道成佛的。所以，峨眉山的杜鹃花是佛前之花，见花如见佛。在印度人心中，杜鹃鸟也是吉祥的象征。著名印地语诗人苏珀德拉·古玛利·觉杭赞美它道：“亲爱的杜鹃啊，告诉我，你带来了什么消息？这么多时日过去，你终于又来到这枝丫上。亲爱的杜鹃啊，告诉我，你为谁而歌？你在呼唤谁？看到这干涸的大地，你是否向云朵乞雨？”

汉语里花和鸟均叫一个名字的，只有“杜鹃”。杜鹃花也叫子规（归），象征着生命的重生与轮回。在中国古代太阳崇拜的图腾中，太阳经历了春天生长，夏天端阳，秋天消退，冬日弱小，犹如一个孩子的生命，经过了童年、少年、壮年、老年以后，完成一道生命的轮回。子是生机和希望的重现，象征阳气复来，万物兴盛。明代旅行家曹学佺称杜鹃为“天门树”，深得其奥妙。从接引殿到大光明顶，杜鹃年年绽放。

峨眉珙桐：飞翔的鸽子花

珙桐花又叫“鸽子花”，又名水梨子、鸽子树，是中国特有的珍稀植物，有“植物活化石”“绿色大熊猫”之称。1869年，法国神父阿尔芒·戴维在四川宝兴首次发现了大熊猫，并带回法国，引起世界轰动，同时，他还首次发现了珙桐，也许是大熊猫更具吸引力，他并没有将珙桐种子寄回巴黎博物馆。

1900年5月24日，威尔逊来到中国，带着十分明确的目的——寻找珙桐。当他在宜昌西部山区发现西方称为“手帕树”的珙桐时，他兴奋地描述道：“珙桐的漂亮之处在于它那两片承托花序的雪白苞片，苞片不等大。初时带绿色，发育成熟时变为纯白色，最后变褐色。花序及苞片下垂于一相当长的柄上，每当微风吹过，就像一大群蝴蝶飞翔于大树间。苞片略呈船形，质地薄，常被树叶遮蔽一部分，但从近处看，它们完全显露出来，树上犹如布满积雪。在我的思想中，珙桐是北温带植物中最有趣、最美丽的树种。”

珙桐的自然分布区主要在我国西南部海拔700～2500米的深山密林之中，以四川峨眉山、湖北神农架、贵州梵净山、湖南张家界最为典型。峨眉山的珙桐主要分布在1500～2000米的仙峰寺、遇仙寺至洗象池一带的阔叶混交林中。垂直分布中，海拔越高生长越好，海拔最高的仙峰寺、九老洞一带原生群落最为完好。峨眉山珙桐群落内有高等植物147种，林内物种丰富，有大量古老孑遗植物，包括蕨类植物、水青树、南方红豆杉、八角莲、连香树等，连同珙桐，共同构成了植物古老、稳定、珍稀的群落，具有典型亚热带常绿落叶阔叶混交林植被特征，同时这里也是古老植物区系的避难所。

珙桐后经人工培育引种至万年寺、报国寺的中、低山区，面积达400余亩，盛开时花序下两片乳白色大型苞片形如一对鸽翅，红色的头状花序如鸽子头，黄绿色的柱头像鸟喙。在绿叶映衬之下，万花飘动，似群鸽飞舞，美不胜收。

珙桐树作为团结和平的象征，被赞誉为“中国鸽子树”。2008年，在海峡两岸进行的交流活动中，赠送给台湾的除了一对国宝大熊猫“团团”和“圆圆”外，还有17株被称作“植物大熊猫”的珙桐树苗。在欧美，威尔逊将珙桐引种至英国后，珙桐很快出现在许多城市街头，成为珍贵的观赏树木。瑞士、日内瓦和美国白宫门前也有珙桐开花结实。从此，植物界的和平鸽，飞翔在世界各地。

峨眉报春：一片春心向阳开

报春花是峨眉山四大名花之一，在初春或者立春前开花，因春天而生，为春天而绽放。拉丁名“Primula”，意为最早开放的意思。报春花有3/5的种类都生长在中国，中国是当之无愧的世界报春花中心。

中国古代对报春的植物十分在意，晚唐诗人徐夤认为是柳树，“漠漠金条引线微，年年先翠报春归”。温庭筠认为是山茶花（也叫海榴），“海榴开似火，先解报春风”。诗人王十朋、王洋等认为是梅花，“园林尽摇落，冰雪独相宜；预报春消息，花中第一枝”“梅花若不报春信，谁表东风第一流”。杨万里甚至还误解了报春花，写了《嘲报春花》：“嫩黄老碧已多时，騃紫痴红略万枝。始有报春三两朵，春深犹自不曾知。”实乃春风送喜来，万里不知情。

报春花娇小清丽，不仅有赤橙黄绿青蓝紫的多彩，更有着生命力旺盛的传奇。报春花的花朵就像一个个有花边的小喇叭，叫“花冠管”。如果剥开一朵报春花的花冠管，你就会发现里面藏着的雌蕊和雄蕊，有的雌蕊高于雄蕊，有的雄蕊高于雌蕊，这是大自然精巧的设计，是为了避免自花授粉，正如达尔文在《物种起源》中所说：“自然界是厌恶自交的。”等到授粉季节来临，释放花粉的雄蕊伸到花冠管边缘，把接收花粉的雌蕊藏在花瓣内，昆虫采集花粉后，只能传授给另一朵雌蕊长的花朵，花粉在两种类型的花朵间进行“洞房”交流，杜绝近亲繁殖，得到更为强壮的后代。

峨眉山报春花有十余个大品种：藏报春、鄂报春、迎阳报春、峨眉苣叶报春、卵叶报春、晚花卵叶报春、齿萼报春、宝兴掌叶报春、糙毛报春、峨眉缺裂报春、峨眉报春、多脉报春、川西缝瓣报春等，有岩生型、林缘、林内阴湿型等。冬去春来，报春花分布全山，集中于龙门洞、清音阁、洪椿坪、九老洞、大乘寺、雷洞坪、金顶等地。

其中，藏报春分布在低山区清音阁黑龙江阴湿岩畔。叶卵形，边缘深裂成缺刻，具锯齿，叶柄与花茎粗壮，花紫色或淡红色，每年12月底争先开放。民间喜用它来庆祝春节，所以称为年节花或年景花。蜀人张德周咏《报春花》：“开到名花早报春，峨眉山色更宜人。年年节景君须记，寸草方晖岁又新。”

卵叶报春又名峨山雪莲花，分布于雷洞坪至金顶亚高山坡地和岩石上，十分稀少，为峨眉山著名药物和观赏植物。叶长呈披针形、倒披针椭圆形或长椭圆形，边缘分裂成几个裂片和不规则的锯齿状。花柄具纤毛，满布白粉；伞形花序，顶端有花4～10朵，紫红色，艳美轻柔，堪称庭园花卉中的佳品。

峨眉报春生长在海拔2800～3000米以上的太子坪、金顶和千佛顶的岩壁阴湿处，为1887年德国传教士费伯首次在峨眉山发现，又名费伯报春，为峨眉山特产。该品种迟到7月间才开花。花茎甚长而花梗极短，叶倒披针形，边缘具稀疏的尖锯齿。伞形花序，有花5～10朵，鹅黄色，筒状环形，雅致柔和，与冷杉箭竹相映成趣。

报春花是走向世界的花朵，藏报春于1821年被英国传教士引入英国，最早走出国门。引入英国的第二年，藏报春就开出了夺人眼球的美丽花朵，轰动整个欧洲。之后，由中国引入英国的报春花属植物多达110余种，通过杂交培育出来的园艺品种更是不计其数。

方文培在《近年在四川采集的报春花》中不胜感慨："四川早以植物种类丰富，著名寰宇。在19世纪以来，欧美的植物学者或传教士先后到来采集植物标本已有十余次之多，他们采的标本都藏在外国标本室，有关中国植物的著作，也在外国刊物上发表，结果引起我们研究的极大困难。"我们山野中的这些美丽特有的物种精灵，被各类西方冒险家、"植物猎人"通过各种手段带走，在国外开花结果。今天在世界各国街头巷尾所见到的各类报春花，都是由西方园艺学家引种培育出的。我们每年花费巨资引进国外开发出的品种，为缺少自主知识产权的园艺品种而遗憾。但是，走进峨眉山，我们又为拥有如此丰富、美好的物种资源而自豪，相信未来，峨眉百里香不断，一片春心向阳开。

楠木：古德林与布金林的年轮

楠木是我国珍贵树种，又名雅楠、桢楠。明清建设皇宫和陵寝，专门设立皇木采办机构，四川的宜宾、雅安、巴中等地都是重要的楠木采办地，所以，明清皇家建筑之美，离不开四川之根。峨眉山，也是重要的楠木生长地。方文培教授曾赴峨眉山，将在此处采集的楠木标本用作模式标本。2020年，峨眉山桢楠母树被认定为四川省12个林木良种之一，峨眉山楠木树林也成为全省仅有的两个桢楠母树林之一，峨眉山海拔1120米处，被定为我国楠木分布的至高点。

峨眉山楠木能够得以保存完好，除了得天独厚的自然条件，还因为其与宗教发展一脉相承。最有名的古楠木林有伏虎寺的布金林、纯阳殿的藏舟林、中峰寺的旃檀林、白龙洞的古德林。

伏虎寺为宋代僧人心安所建，那时此地虎狼出没，人迹罕至，故修寺建幢以镇虎患。1651年，清督抚司道捐款，一代高僧贯之、可闻重建伏虎寺。之后，寂顽大师根据《大乘经》字数，围寺庙周围栽种桢楠十万九千株，是为布金林。其名字来源于古印度传说，古王国舍卫国城中有一位乐善好施的老富翁，是佛陀的信徒，请求波斯祇陀太子把园林卖给他，修一座精雅房舍供佛。太子故意为难他说："你能用金沙将我的园地铺满，我就同意。"长者立即请来劳力，担着金沙布散园林。太子感动了："长者，你真诚好施，我也愿种点善因。园地作为你买的，花木作为我对佛的供养。只求将我和你的名字结合起来给园林命名。"于是该园林被命名为"祇园"，俗称"布金林"。

沿伏虎寺的林间古道，可达纯阳殿的藏舟林，参天古楠颇有些道法自然的韵味。庄子言："夫藏舟于壑，藏山于泽，谓之固矣。然而夜半有力者负之而走，昧者不知也。藏小大有宜，犹有所遁。若夫藏天下于天下而不得所遁，是恒物之大情也。"把船藏在山谷里，把山藏在深泽中，把小东西藏在大的地方，看似很稳固，但仍然会丢失，只有把天下托付给天下，才是万物真实。古往今来的历史变迁，不过是一道道树木的年轮。

中峰寺的旃檀林，取自"旃檀功德佛"，为三十五佛之一。持诵此佛名号的功德，能消除一生中的罪业。吴承恩《西游记》中，唐僧历经九九八十一难，取得真经后，被封为旃檀功德佛，在此林中诚心虔修，吉祥圆满。旃檀也代表佛经中的种种妙香，象征大乘菩萨，自然生香，行者可以摆脱世间的束缚，天人守护，天香云外。

在峨眉山，种植楠木象征着广种福田，大集功德。从清音阁，向右上行经象牙坡，行至白龙洞外，寺门上一副醒目的对联："白龙洞外，点点翠峰迎旭日；古德林中，片片绿云带春烟。"然后，最著名的人工植物景观"古德林"就映入眼帘。据《峨眉山志》载：古德林已有400多年历史，明隆庆元年（1567），白龙洞四周，曾铸造过圣积晚钟的高僧别传禅师口诵《法华经》，念一字，种一株，礼一拜，按照经书全文数字，总计植有69 770株，也被后人称为功德林，敬称"祇树林"。明朝《译峨籁》作者胡世安叙述道："一望浓翠，蔽岭，别传和尚手植楠也，株与《法华经》字数相等，今名'古德林'，樵夫不敢轻犯。"皇帝也十分关注，《峨眉山伽蓝记》中记载："康熙时，殿工采办楠木，对古德林及古树特旨免伐。"所以，盛产楠木的峨眉山，不在皇木采办之列。

别传之功，感天动地，行人至此，莫不肃然起敬。明人刘道开在《登峨眉》中写道："擘路洪椿去，幽阴古德林。繁柯荫仄径，密林罨烟生。"王日会有《祇树林》以志比情："万壑云空祇树林，霜天长见绿阴深。偶来一憩闻清籁，领略神门自在心。"清代性藏和尚《古德林》诗云："近日生涯兴渐阑，了无个事足追欢。但将一柄竹茗帚，古德林中扫破烟。"释迦牟尼曾在祇树园中说法，以此喻佛处，古德自在心。

峨眉动物：仙山佛国的生态之灵

峨眉灵猴：西行的行者

峨眉山猴是游人喜爱的珍兽之一，种名藏猴或西藏猴，别名四川短尾猴、大青猴等，因生活在佛教名山，故又雅号“猴居士”“猿居士”，俗称“山儿”。

在动物分类学上，峨眉山猴为灵长目，猴科，猕猴属动物，国家二级保护动物。藏猴在十几种猕猴属动物中体重最重，这与它的叶食和地栖倾向有关。成年雄猴平均18.3千克，最大21.5千克。雌猴平均12.8千克，最大15千克。其四肢等长，尾短于后脚，长约9厘米；耳较小，有颊囊，成年猴两颊和颏下有一圈须状髭毛。颜面初生时肉色，幼年时白色，成年时鲜红，尤以眼圈最红。头部毛色深棕，背毛棕褐色或黑褐色，腹毛淡黄色，雌猴的毛色浅于雄猴。

峨眉山猴分布于海拔1200～2080米的中山地区，南线从洪椿坪癞子坡以上，北线见于华严顶一带，直到洗象池之间，生活在常绿阔叶林、针阔叶混交林中。茂林修竹，流泉飞瀑，岩壑洞穴，气候温和，是猴群理想的栖息地。

峨眉山的群猴，各由一只年轻成年雄猴统率，自成部落，各有疆域，但群猴之间也有广泛的活动领域重叠。藏猴群有一套完善的近亲交配避免机制：雄猴在交配前，要离开生养它的猴群，转入别的猴群；中老年猴在它们的儿女进入生育期之前，还要再转移。这样，猴王在位时间一般为4～5年。

敦煌榆林窟3窟的“普贤变”壁画描绘了玄奘朝拜普贤的圣图，这幅敦煌的艺术经典，将峨眉山融入唐僧西游的宏图，唐僧身披袈裟，双手合十，遥视普贤，虔诚祈祷。更神奇的是，唐僧身后，孙悟空紧随师父，向普贤致礼。师徒身后有一匹白马。这似乎暗示了峨眉山猴与《西游记》的渊源。唐僧所站的山顶分明就是峨眉山金顶，一道平顶山形，周围悬崖与舍身崖完全一致。山顶云海翻滚，远处植物是典型的峨眉冷杉。此时的孙悟空满脸毛发，呈现出猴态，与敦煌其他的唐僧取经图相比，明显处于还没有“人化”的状态。

峨眉山的猴与普贤的坐骑大象形成了非常奇妙的佛的境界。在《九住心图》（又名《十象图》）中，僧人、大象、猴子、兔子等图案，构成了禅修的九个层次。人的修炼过程，在山下如同狂傲不羁的黑象，随着修持上山，黑色的障碍从身上逐渐除去，到山顶已经变成洁白的吉象。僧人在山下鞭打着大象，到达山顶，他骑到了象背上，象征僧人的心如大象被逐渐驯服。山下的猴子修炼初期，心神不定，来回跑动，到山顶逐渐变成了佛性灵猴。“九住心”随着山的高度变化，代表修定的层次，到山顶平和祥乐，相当于金顶的十方普贤骑着六牙白象，灵猴相伴，梵音缭绕，日月光华，住心调象。

峨眉蝴蝶：仿生的枯叶蝶

枯叶蝶是峨眉山蝶类中最名贵的一种，蜚声中外。它属于昆虫纲鳞翅目蛱蝶科，姿态奇丽。身长3厘米，双翅展开宽8厘米。飞舞时，其露出翅膀的背面，如同其他蝴蝶一样华丽，大部为绒缎般的黑蓝色，闪亮出光泽，点缀有几点白色小斑，横在前翅的中部，有一金黄色的曲边宽斜带纹线，如同佩上一条绶带，前后翅的外缘，均镶有深褐色的波状花边。

枯叶蝶停息在树枝或草叶上时，两翅收合坚立，隐藏身躯，展示出翅膀的腹面，全身呈古铜色，色泽和形态均酷似一片枯叶，一条纵贯前后翅中央的黑褐色纹线，极像树叶的中脉，其他翅脉又似树叶的侧脉，翅上几个小黑点，好似枯叶上的霉斑；后翅末端，拖着一条叶柄般的“尾巴”。这种“拟态”，使天敌一时难以分辨，分不清究竟是蝴蝶还是枯叶，从而起到保护作用。

从暮春到初秋，花枝间、草丛中、曲径上，或是殿堂内，往往会看到枯叶蝶随风飘舞。它们喜欢单独长途飞行，时飞时息，采食花蜜或树液，一旦遇有“敌情”，立刻疾速地飞落在树枝上或草丛中，伪装成一片枯叶，静悄悄地躲藏到绿叶丛里。依靠它这种特殊的自我保护能力，枯叶蝶在峨眉山代代相传。

峨眉山民间还有枯叶蝶的传说，唐代诗人李白写道：“峨眉高出西极天”。峨眉山上离金顶不远的地方有两块大石头，据说爬到石头上，就能摸到南天门。二石之间形成了一条自然通道，从中间通过，像经过一重巨大宫殿的高入天际的宫门，人们叫它“天门石”。

相传两位仙女下凡，留恋峨眉山美景，不愿回天宫。王母娘娘命巨灵神将她们带回天宫，仙女变成画眉飞舞，巨灵神变成一只老鹰在后面追赶。仙女从天空飞下来，落到一堆枯枝败叶中的时候，忽然想出了个主意，就变成两只蝴蝶躲藏在枯枝败叶中。那蝴蝶的翅膀，颜色枯黄，上有叶脉、叶蒂，合在一起，就像两片枯叶。巨灵神找遍全山也没有找到她们，只好回天宫向王母复命。王母于是命令斩断天门石，绝其归路。从此，两位仙女彻底变成了两只枯叶蝶，永远飞翔在峨眉山林之中。

峨眉弹琴蛙：生灵琴共鸣

峨眉弹琴蛙学名仙琴水蛙，由我国两栖爬行动物学家张孟闻在洪椿坪最早发现。它绝妙的鸣声，博得了中外游人的喜爱。张孟闻于1932年在中国科学社生物研究所出版的报告上发表了研究成果，初名其“乐声蛤蟆”，后更名为“弹琴蛤蟆”，为峨眉模式种。弹琴蛙体长约5厘米，头部扁平，躯体较为肥硕，皮肤光滑；背面以灰棕色为主，背侧褶极为清晰，背部后端有几粒较大的扁圆疣粒；指细长而略扁，后肢较肥硕。雄性的喉部两侧有一对声囊——共鸣器官，它鸣叫时，声囊像气球一样，涨成圆鼓鼓形，空气的振动即引起共鸣，形成一个声谱，所以它的鸣声多变动。

在海拔700～1500米处的万年寺、黑水寺、洪椿坪和大坪等地的溪边、池畔，夏季黄昏或静夜时，都能欣赏到弹琴蛙的歌声。它的鸣声清脆悦耳，好似电子琴弹奏出的乐声。蒋超在《峨眉山志》中记载：“黑水寺路右八音池，又名乐池。游人鼓掌，一蛙大鸣，群蛙次第相和，其数八，将终，一蛙复大鸣，群蛙顿止。作止翕（意为一张一合），然一律，如玉振金声。”

关于万年寺毗卢殿旁白水池中的弹琴蛙，还有许多脍炙人口的传奇故事。传说白水池是唐代大诗人李白听蜀僧广濬弹琴处的遗址。当年，李白听蜀僧弹琴时，总有一位绿衣姑娘倚门谛听。绿衣姑娘是弹琴蛙的化身，她从中学得高僧弹琴的高手妙法，因而白水池内的弹琴蛙，鸣声如琴如瑟，给后世留下“仙姑弹琴”的传说。李白在此写下《听蜀僧濬弹琴》：“蜀僧抱绿绮，西下峨眉峰。为我一挥手，如听万壑松。客心洗流水，馀响入霜钟。不觉碧山暮，秋云暗几重。”

峨眉大蚯蚓

峨眉山众多的生物中，有独特的“四大怪”之说。第一怪，猴子可以当猪卖；第二怪，蝴蝶当成叶子卖；第三怪，青蛙谈情又说爱；第四怪，蚯蚓可以当裤腰带。第一怪说的是峨眉山的猴子，第二怪说的是枯叶蝶，第三怪说的是弹琴蛙，第四怪说的就是峨眉山特有物种秉前环毛蚓。

秉前环毛蚓以体大、粗壮、特长著称于世。它属环节动物门的寡毛纲巨蚓科环毛属。体型细长，呈圆柱形，前端略小，褐蓝色，背面较腹面的颜色深，整个外形像一根光泽发亮的软管。其一般体长30厘米，最长可达80厘米，体宽1～2厘米。全身由160个环节组成，肌肉发达，伸缩力大。每节生有较少短而坚硬的刚毛，具有行足的功能。头部和感觉器官已经退化，但头部有肉唇状的前叶，伸张时可摄食、钻土，兼有感触功能。身体后部多具有感光细胞，能分辨白昼和黑夜，便于夜间出动觅食。雌雄同体，生殖带呈环状，在第14～16节，异体受精，互相交配以交换精子，再生能力很强。

这种少见的大蚯蚓，分布在海拔500～1200米的龙门洞、万年寺、清音阁和洪椿坪一带。其性喜在山地阴湿、疏松和腐殖质较多的酸性土壤表层中过穴居生活。到寒冬腊月，它能钻入1～2米深的土层避寒，故本地人称其为“透山龙”。夜间或暴雨后常爬出地面活动，清音阁、万年寺的游山道旁，常能发现它的行踪。

峨眉大蚯蚓有很高的经济价值，具有改良土壤、净化环境的功能；入药性寒、味咸，有清热、定惊、利尿等疗效。经试验证明，它还有解热、镇静、平喘、降压、抗组织胺及抗惊厥作用。

美国作家朵琳·克罗宁在《蚯蚓的日记》中，描写了人类与蚯蚓对视的世界。一个小小蚯蚓的故事，开始于一个地球。地球是那么大，蚯蚓是那么小，但二者却是息息相关的。没手没脚的蚯蚓，你想象过它将如何写字？如何看书？用餐的时候使用什么餐具？不会倒立，如何钻进深深的地里？也许，蚯蚓的视野中，也藏着一个个峨眉山的故事。

峨眉十景：天下峨眉幻化秀色

金顶祥光

“一抹祥光画不成，峨山形势极峥嵘。琳宫绀宁尘缘绝，直似须弥顶上行。”

——清《峨山图说》

人们常说："到峨眉山不到金顶，等于没有到峨眉山。"金顶是峨眉山的象征。明代大儒方孝孺在《宿峰顶次济定韵》一诗中描绘了金顶绝色："层崖削壁跨千重，坐镇西南势独雄。元气昆仑磅礴外，祥光隐见有无中。珠璎宝佛留全相，金碧楼台倚半空，纵是蓬莱并弱水，清虚难与此相同。"

"金顶祥光"是峨眉十景之冠，是绝尘缘的巨大须弥座上闪耀着的精灵。峨眉山有四大奇观：云海、日出、佛光、圣灯。

晴空万里时，白云从千山万壑间冉冉升起，顷刻，苍茫的云海便如雪白绒毯般展铺在地平线上，光洁厚润，无边无涯，似在安息、酣睡。地平线上是云，天空中也是云，人站在两层云之间，极有飘飘欲仙的感觉。南宋范成大把云海称为"兜罗绵世界"（兜罗：梵语树名，它所生的絮名兜罗绵），佛家称峨眉山为"银色世界"，其与五台山"金色世界"、普陀山"琉璃世界"、九华山"幽冥世界"，构成中国四大佛教名山的象征。

山风乍起时，云海飘散开去，群峰众岭变成一座座海中的小岛；云海汇聚过来，千山万壑被隐藏得无影无踪。云海时开时合，恰似山舞银蛇，气象万千。风起云涌，忽而疾驰、翻滚，忽而飘逸、舒展，似天马行空，似大海扬波，似雪球滚地。最壮观的是，偶尔云海中激起无数蘑菇状的云柱，腾空而起，又徐徐散落下来，瞬息化作淡淡的缕缕游云。此种蘑菇云极难见到。范成大有诗惊叹："明朝银界混一白，咫尺眩转寒凌竞。天容野色倏开闭，惨澹变化愁仙灵。"

金顶黎明前的天空是美妙的。东方，墨紫墨紫的太空，天地一色，渐渐地，地平线上天开一线，飘起缕缕红霞，托着三两朵金色镶边的彩云，预示着一个辉煌的白昼即将降临。彩云下，空旷的紫蓝色天幕上，一刹那吐出一点紫红，缓慢上升，逐渐变成小弧、半圆，变成橘红、金红，然后微微一个跳跃，拖着一抹瞬息即逝的尾光，一轮圆圆的红日便嵌在天边。

日出因气象条件和季节的不同而千姿百态，差异极大。天气晴朗时，太阳从地平线升起，可观赏到壮丽日出的全过程；或天边有云气，待见日出时，已是脱离地平线的一轮红日；或云层弥漫，则有时仅能看到朝霞、云海。伴随着旭日东升，朝霞满天，万道金光射向大地，峨眉山宛似披上金色的大氅，呈现出它全部的秀美身姿。此时此刻，天上地下又变成了金色的世界，遥想朱元璋的褒扬“不独峨眉幻银色，从教大地变黄金”，别有深意。

“不陟高寒处，安知天地宽。”日出金顶时，可看到更广阔的天地：东面，峨眉平原的尽头，千山万岭似一座座山水小盆景，青衣江、大渡河似两条白练环绕，汇合于隐约可见的乐山城。东北和西面，晒经山、大小瓦屋山方正横卧，银装素裹的大雪山，耸立于众山之上，遥峙日照金山。

游人谚云：“朝看西午看东。”神奇的佛光，在下午2至5时，会幻化在睹光台、舍身崖下。只见岩畔布满蒙蒙的云层，骤然幻化出一个红、橙、黄、绿、青、蓝、紫的七色光环，直径一二米，中央虚明如镜。欢声雷动中，观者会突然发现光环中出现自己的身影，举手投脚，影皆随形，犹如面对明镜。神奇的是，即使成百上千人同时同地观看，观者也只能见到自己，不见旁人，引得诗人竞相赞叹。

范成大有诗曰：“重轮叠采印岩腹，非烟非雾非丹青。我与化人中共住，镜光觌面交相呈。”谭钟岳诗云：“非云非雾起层空，异彩奇辉迥不同。试向石台高处望，人人都在佛光中。”清人丁文灿《看见佛光》：“云成五色现厅光，形似卮珠不可方。更有一桩奇异事，人人影在箇中藏。”

这种佛光名“摄身光”，佛光因色调、形状、大小的不同，有各种不同名称，如水光、辟支光、童子光、金桥、清现、反现、大现、小现等。佛家说佛光是普贤菩萨向凡夫俗子显露真容，随缘应化，故又称“光相”。实际上，佛光是一种光的自然现象，是阳光照在云雾表面发生衍射作用而形成的，被中国科学家命名为“峨眉宝光”。峨眉宝光每月均会出现，夏天和初冬出现的次数最多，全年最多可达100次左右。

昼夜转换，金顶变幻出另一种景象，舍身崖下夜色沉沉，忽见一光如萤，继而数点，渐至无数，在黑暗的山谷间飘忽不定，佛家称之为“圣灯”，是“万盏明灯朝普贤”。

明代万历年间，嘉定知州袁子让在《游大峨山记》一文中记述他的所见：“及时薄暮，一僧果语‘空中有灯现’。予急出观之，隐隐有一二点，如星飞在岩壑上下间。有顷，分为数十；有顷，分为数百；往来楼台栏甃之中；移时而散，竟不知何物。”释心诚《圣灯》诗云：“飞自峭崖东，飘来点点红。回翔分远近，掩映入空蒙。焰冷千年火，光摇半壁风。夜深人静后，挂满梵王宫。”明人尹伸《圣灯》诗亦云：“旷望不辞夜，灯从上界传。流光时渡壑，焰影欲连天。只评繁星坠，还从法力圆。迷云开暗谷，处处见金仙。”

据科学家初步考察，“圣灯”是一种物理现象。一说是磷火，是含磷地层的磷化氢和联磷在起作用。联磷的自燃，激起磷化氢的他燃；一说是某些树木上有一种叫密环菌的真菌，遇雨后发光。据金顶仁开和尚所述：1982年8月一天半夜，满天星斗，舍身崖半腰被铺上一层薄薄的云，忽见云层中冒出一朵蓝中带绿的光点，约有拳头大。冒出后，一射便迅速消失；接着第二朵光点冒出，一射，又消失了……如此冒出三四十个光点。最后一朵光点，周围还伴随着三五朵小火花。如今，圣灯现象逐渐消失，其原因，尚待科学家们去进一步探索。

灵岩叠翠

“危岩累是夙钟灵，风雨飘零常翠青；疑是为吾标奇迹，心香一瓣荐芬馨。”

——清《峨山图说》

灵岩寺遗址位于高桥左侧，距报国寺西南5千米，该寺于隋唐年间建造，曾改名护国光林寺、会福寺。明洪武、永乐年间重建，仍名灵岩。“灵岩叠翠”成为“峨眉十景”之胜的原因，是因为殿宇重叠，密林掩映，丹岩凝翠，呈现层层叠叠的雄峙景观。

明代是灵岩寺的鼎盛时期。谭钟岳的《峨眉图志》载，寺宇四十八重，僧众千计，由山门至后殿有十余华里。其规模之宏大，僧侣之众多，香火之旺盛，在峨眉山寺宇中首屈一指，故有“九处过堂（吃斋饭），十处烧香，烧香要骑马”之说。刘君泽在民国36年（1947）出版的《峨眉伽蓝记》中说：“寺宇四十八重，僧众千计，未免侈信”，但仍不能不承认“峨眉高峰俯临殿阙，叠叠青

翠，秀丽庄严，丘陵拥卫，山溪龙蟠，乔木千章，森森环列，我选胜地首数灵岩也”。

古刹历经时间洗刷和兵燹之苦，已全部毁坍，虽然“骑马烧香，策马巡殿”的盛景不在，但“灵岩叠翠”的自然景色依然如故，去灵岩，看叠翠，仍有“仿翠摹青情不尽”的感受。

灵岩地处峨眉金顶三峰的后山麓。在灵岩寺遗址上，向北眺望，迎面便是一幅万山绵延的天然图画。近处，青峰绵延起伏，茂林修竹，点缀其间；远处，万佛顶、千佛顶、金顶宛似三座巨型翠屏横亘天际，气象雄伟，三峰挺拔而柔和的轮廓线十分清晰。重重叠叠的波峰，由低至高，由近至远，山色由翠绿到黛青，到灰蓝，到灰白，层层伸远，一直延伸到与蓝天的分界线，层次极为丰富，正如谭钟岳在另一首诗中所写的：“灵岩翠秀耸高台，遥望天门跌荡开”。

金顶三峰的景色多彩多变。初春时，山麓盛开一片黄灿灿的油菜花，春意荡漾；山腰密叶繁枝，如正当盛夏；半山上片片泛黄的树叶，似带秋色；山顶却堆砌残雪，又像尚处在严冬的寒凉里。

山下观望峨峰三顶，有几处绝好的地方：山东麓的连香坝，低山的会灯寺，中山的白龙洞古德林，但皆不如灵岩寺遗址那样逼近、开阔，可从更深的层次上静观峨眉山另一美妙、奇幻的侧影，欣赏“叠翠”刚与柔、壮与秀相依互存的美，因而神思飘荡。明人章寓之的《游灵岩寺》道出这种心态：“灵岩一径入青苍，雨后昙华隔水香。方外欲偷闲半日，绕廊翻觉觅诗忙。”

今天的灵岩寺遗址，还保留着一座青石牌坊，正面的“敕赐禅林”为嘉靖十年（1531）二月明代吏、兵等科给事中安磐所书。安磐是乐山人，曾侍从皇帝左右，顾问应对，参议政事，因执事于殿中，故名“给事中”。背面刻有“祇园觉路”，在麒麟、白鹿、青狮、祥云、荷花、兰草等图案中，佛性俨然。“祇园”是佛教信徒献给佛祖的传法圣地，《佛说阿弥陀经》《金刚经》等佛教经典皆由此而出。而“撒手为盐，翻水成调”的乐山才子安磐的妙笔丹青，让“灵岩叠翠”诗画萃景。

圣寺晚钟

“晚钟忽撞一声声，古寺犹传圣积名；纵令凡情蔽塞极，也应入耳觉心清。”

——清《峨山图说》

清人谭钟岳的诗咏，道出了“圣寺晚钟”的景观绝妙：深山古寺，圣积之名，禅林钟声，耳觉清心。清人王日曾在《巨钟》一诗中也咏赞这一钟声：“万金熔铸自何年？长作龙吟散晓烟。留镇山门开觉路，声声高澈大峨巅。”

圣积寺，古名慈福院。位于峨眉山市城南2.5千米处，为入山第一大寺，环境幽古。寺外有古黄桷树二株，可数人合抱。从报国寺向此远望，两株黄桷似一大象。寺内文物众多，以普贤骑象铜像、八卦铜钟、铜塔等最为著名。八卦铜钟原悬挂于寺内老宝楼上，又名圣积铜钟，铸于明代嘉靖年间，为别传禅师所募化。此钟铜质坚固，重达12 500千克，传为四川省最大的一口铜钟。

民间传说当年别传禅师募铸好铜钟后，悬挂于圣积寺钟楼上，嘱咐弟子们："我去外地云游，三天之后，尔等始可敲钟，切记！"谁知禅师离寺不久，一小沙弥急想聆听钟声，不顾师父的叮嘱，抢起钟锤便敲。"当"的一声，宏亮的钟声在空中回响，山谷齐鸣，越传越远，一直传到禅师的耳朵里。此时禅师才走出30华里，一听钟声，神色大变，惋惜地说："如果三天之后再敲钟，那钟声将会随我传到已走三天路程的地方啊！"

僧人们对声如龙吟、人耳清心的铜钟，在敲打时间和方式上颇有考究。据赵循伯编撰、民国24年（1935）出版的《峨眉山》载："其钟每于废历（即夏历）晦望二日之夕敲击。击法有'慢十八''快十八'之分，随击随念钟偈，每四字一句，每四句一击，凡百余击始止（一说为一零八击），每一击，声可历一分零五十秒。近闻之，声洪壮；远闻之，声韵澈；传静夜时可声闻金顶。"民国25年（1936）出版的刘上熹《峨眉导游详记》也写道："每月朔望之头夜乃击之，一年之中仅叩二十四次。所谓晚钟者，因和尚于九点后执灯上楼，口诵经偈，俗云钟句子。初则念一句，则叩钟一次，每句四字，念毕则叩，始缓叩，入后每字一叩，愈念速，则叩愈急。缓十八，急十八，叩至三遍，曰三叩，每叩须诵全文，三次叩钟，共有百零八锤。钟声异常宏壮。"

晚钟响起，与天地自然共鸣。据说每次叩108击与我国古代的物候历有关，以五日为一候。三候为一气，一年有二十四节气，共七十二候。每候以一个物候现象相应，叫“候应”。以每年十二个月、二十四节气与七十二候应相加，其总和正好是一百零八。

1959年，圣积寺废，钟搁置于道旁。1978年，峨眉山有关文化部门将铜钟迁移到报国寺对面的凤凰堡上，并建亭覆盖维护。凤凰堡上参天蔽日的苍杉翠柏，庄重典雅的八角攒尖钟亭，环绕四周百余通碑刻的古碑林，与古拙凝重的巨钟浑然一体，融合了自然美与人文美，不失为一大景观。后人以诗赞其盛概：“凤凰堡上柏森森，晚钟犹长作龙吟。纵说僧俗殊信仰，一样入耳觉心清。”现在铜钟又迁移至报国寺内，袅袅生紫烟，声声听梵鸣。

象池夜月

“普贤骑象杳何之，胜迹空余洗象池；一月映池池储月，月昭感应妙难思。”

——清《峨山图说》

峨眉山月，道尽古今阴晴圆缺。自古观月的最佳地方在报国寺、萝峰顶、万年寺、仙峰寺和洗象池等地。历代文人雅士写下无数吟咏峨眉月的诗句，如“依依向我不忍别，谁似峨眉半轮月”（陆游）；“愁中巫峡暮云合，望里峨眉秋月斜”（王士祯）；“飞来一片月，相忆卷帘看”（朱彝尊）；“佛灯寒照寂无声，云翠四围山吐月”（刘豫波）。而“象池夜月”是峨眉十景中最富感情色彩的一景。

民国36年（1947），中国文化服务社印行的黄大受的《峨眉风

光》一书有此叙述：“峨眉山看月最好的地方，是洗象池，因为洗象池上去还有山，背后也是山，只有前面开阔，附近树木也多。金顶虽然高，可是没有陪村，只是对天看月；洗象池以下，山峰重叠，树木太多，风光不及洗象池观月是十全十美。所以‘象池夜月’成了峨眉十景之一，有些和西潮的‘平湖秋月’比美呢！”

每当月夜，云收雾敛，遥天一碧，万山沉寂，秋风送爽，一轮明镜斜嵌在洁净无云的蓝空上，唯有英姿挺拔的冷杉林，萧萧瑟瑟，低吟轻语。月光透过茂密墨绿的丛林，大雄殿、半月台、洗象池、初喜亭、吟月楼，沉浸在蒙蒙的月色里，肃穆、恬静。月光下，古刹似一侧卧的大象头，蓝天映衬，剪影清晰：大殿似额头，两侧厢房似双耳，半月台下的钻天坡石阶，又好似拖长的象鼻，不知是巧合，还是寺庙设计者的匠心独具？

洗象池，皓月高悬，满天清晖，千山月色，柔和似水，游者恍如步入广寒天宫。“峨眉山上月，千里若为看……依旧峨眉山，明月照清彻。”这是明代文学家曹学佺喜爱的峨眉月。明末清初的大思想家顾炎武面对峨眉月，也感情激发地留下“洗象池动秋夜半，常留明月照寒林”这诗情并茂的联语。

“仙人骑象杳何之？胜迹空余洗象池。一月映池池贮月，月明池静寄幽思。”月移中大，六方小池内，一轮明月恰好映在池中，两月相对，天上人间，浑然一体。传说诗仙李白死于“水中捞月”，这仅是传说故事，但他热爱月亮，特别是峨眉山月使他眷恋一生，情意相连是真实的。诗人离开蜀地，辞亲远游，在平羌江上吟出“峨眉山月半轮秋，影入平羌江水流”的千古绝句；直到晚年流放归来，在异乡还吟诵着“我在巴东三峡时，西看明月忆峨眉。月出峨眉照沧海，与人万里长相随”，并引吭高歌：“一振高名满帝都，归时还弄峨眉月。”

白水秋风

“曾闻白水出真人，此水由兹不染尘；何处西风吹木落，归根谁不悟玄因。”

——清《峨山图说》

万年寺的山景四季宜人，尤其是在秋天。每逢金秋，峨眉山下夏暑尚存，金顶三峰已初飘白雪，而位于中山地带的万年寺，正处

在一年中的黄金季节。

万年寺，晋时名普贤寺，唐改为白水寺，宋为白水普贤寺，明万历年间又改名圣寿万年寺。“白水”为万年寺的代称。明代名臣方孝孺《白水寺》赞曰：“寺幽名白水，金碧绚中天。池面临三四，峰头对百千。”寺内一池，名白水池，传为李白的《听蜀僧濬弹琴》诗云：“蜀僧抱绿绮，西下峨眉峰。为我一挥手，如听万壑松。客心洗流水，馀响入霜钟。不觉碧山暮，秋云暗几重。”池内蛙鸣如琴，民间传说是蛙学得了僧人弹琴的高手妙法。

秋天在白水池畔四望，秋高气爽，蓝空分外明净，高远，辽阔。缕缕白云缠绕着寺后陡峭的观心坡，坡上绿叶、黄叶、红叶相间，与蓝天共一色。秋风吹拂着峰峦，摇撼着丛林，发出声声呼啸，片片橙红的枫叶在空中随风飞舞。应和着秋风，横穿古寺而过的涧溪潺潺低吟。流水，秋风，树涛，强声低音交错，如同一曲浑厚深沉而流畅自如的森林交响曲，为飘飘红叶伴舞。清人刘儒在《大峨山》一诗中不忘赞美秋景："天下峨眉秀，乘云结胜游。龙吟千涧雨，树点万峰秋。"

留存在古寺中的诗文楹联碑刻对万年寺秋色着墨甚多。明方孝孺有"林放到池月，风吹入户云"的诗句；当代遍能法师的联语"白水秋风皆妙谛，琼楼玉宇不胜寒"，把万年寺秋景视作玄妙的境界。百里名山通梵唱，万年秋色助诗吟。

低首看白水池中，澄清的池水映着白云、青山的倒影。风平水静时，池中有山，山中有云，云中有水，分不清哪里是水，哪里是云；秋风乍起时，吹皱一池清水，吹散一池白云。清人窦絅在《万年寺》诗中感叹："四围烟绕山腰寺，一面窗收谷口云。白夜试寻明月畔，此中清景评谁分。"

古诗云："三秋水净，白云轻飞；秋风号林，黄叶飐水。"这恰似"白水秋风"的题景诗。

洪椿晓雨

"万壑千岩势不平，攀萝扪葛力难胜；苍茫山雨天将曙，既到不忧犯夜行。"

——清《峨山图说》

以清幽静雅取胜的洪椿坪，坐落在中山群峰环抱之中。坪上，

云雾缭绕，古木葱茏，山鸟长吟，涧水叮咚。清代，释永宣朝拜到此，以《洪椿坪》为题写道：“穿萝觅径入椿坪，楼殿层层鹤篆清。因共雨花看贝叶，漫随山色听溪声。”

洪椿坪建于明万历年间，原名千佛禅院，后因寺外有三株洪椿古树而改名。《庄子·逍遥游》说：“大椿以八千岁为春，八千岁为秋。”“大椿”故成为古老的象征。春夏雨后初霁的早晨，山野空气格外清新，微带凉意；寺宇庭院一尘不染，整洁雅致。

此时，山林中，石坪上，庭院里，落起霏霏“晓雨”。这“晓雨”，似雨非雨，如雾非雾，空空蒙蒙，楼阁、殿宇、花木，山石、游人、影壁和壁上“洪椿晓雨”四个大字，以及庭院右侧的林森小院，一切都似飘忽在迷茫的天地间，呈现出一种虚无缥缈的朦胧美。游者或倚立庭院，或漫步寺外，仿佛周身被“晓雨”润湿，但抚摸衣装，又丝毫没有被雨水浸湿的痕迹。

清康熙四十一年（1702），康熙皇帝御赐“忘尘虑”匾额、“锡飞常近鹤，杯度不惊鸥”联；乾隆十年（1745），乾隆皇帝题赠“洗钵泉和暖，焚香晓更清”联；民国28年（1939）7月，国民政府主席林森在洪椿坪避暑期间，题赠的“护国佑民”“大雄宝殿”匾额和“洪椿坪”寺额，至今仍存。

第一重大殿的门楣两侧，为清末四川什邡名士冯庆樾撰的“双百字联”（全文见《峨眉山志》“艺文”篇），其中“晓雨润玉，夕阳灿金，晴烟铺锦，夜月舒练”数句，描述的即“洪椿晓雨”等景色。

寺外山崖上的两株洪椿古树，一株仅存下段，枯而不朽，常被人视为“神树”；一株漂浮在“晓雨”的空濛里，树影婆娑，似灰绿的云团，似层叠的浅山。雨因树更奇，树因雨更妙。

所谓“晓雨”，科学家解释是雨后初晴时，山林中饱和的湿度，经过凉夜的冷却而蒸发不散的大气。“荆溪白石出，天寒红叶稀。山路元无雨，空翠湿人衣。”唐代大诗人、山水画大师王维《山中》的佳句，再现了“洪椿晓雨”的意境。

双桥清音

“杰然高阁出清音，仿佛仙人下抚琴；试向双桥一倾耳，无情雨水漱牛心。”

——清《峨山图说》

清音阁地处峨眉山上山下的中枢，与龙门洞素称“水胜双绝”。面对清音阁，展开的是一幅青绿山水画卷，浓墨重彩，精工点染。高处，玲珑精巧的楼阁居高临下。中部，是丹檐红柱的接王、牛心二亭，亭两侧各有一石桥，分跨在黑白二水之上，形如双翼，故名双飞桥。近景，则为汇合于牛心亭下的黑白二水。右侧黑水，源出九老洞下的黑龙潭，绕洪椿坪而来，流经15千米，水色如黛，又名黑龙江；左侧白水，源出弓背山下的三岔河，绕万年寺而来，流经15千米，水色泛白，又名白龙江。滔滔白浪，冲击着碧潭中状如牛心的巨石。山水相连，红绿对比，组成独具特色的寺庙山水园林环境。园林学家称它是有声的诗、立体的画。

牛心石黝黑光亮，凝聚着两亿多年的历史和生命，任其黑白二水汹涌拍击，仍岿然不动。惊涛拍石，发出阵阵的轰鸣，声传四周的深谷幽林之中，恰如古琴弹奏，时而清越，时而深沉，时而激昂，任人领略“清音”之趣。惊涛拍石，激起飞花碎玉，洒珠喷雪，水面上一派似雾非雾的水珠，飞腾于空中，跌落在水里。阳光映射，双飞桥在蒙蒙水雾中恰似两道五色缤纷的彩虹。

月朗风清之夜，山色朦胧如黛，万籁俱寂，唯有悠扬清越的水声回荡在无穷的空间。坐在水潭前的洗心台上，人们恍惚进入一个“清音”入化的世界。静听清音，人的心灵因之而宁怡，而超脱，忘却自己的存在，仿佛自身与大自然融合为一，化作声声清音，萦绕于天空。

明代嘉州（今乐山）名士安磐游览到此，流连忘返，写下《留别双飞》七绝一首：“倒雨青霜透葛衣，鸟啼山暝坐忘归。城南一枕松堂月，还借涛声入梦飞。”清音亭上的“双飞两虹影，万古一牛心”是戊戌六君子之一的刘光第所作联语，月传神之笔描绘出“双桥清音”的风韵。谭钟岳的《双桥清音》云：“杰然高阁出清音，仿佛神仙下抚琴。试向双桥一倾耳，分明两水漱牛心。”近人林藜有诗赞道：“峨眉山水有清音，响彻双桥若瑟琴。黑白二江流不住，千年砥柱一牛心。”

在清音阁，可看到山光水色，闻到花草芬芳，听到流泉清音，触摸到亭台碑石。它集中了视觉美、听觉美、嗅觉美，是对西晋文学家左思“何必丝与竹，山水有清音”的最好诠释，使游者获得峨眉风光的诗意感受，古今游人多称誉为“峨山第一风景”。

九老仙府

“图成九老记香山，九老缘何到此间；料是个中丹诀妙，致令九老远追攀。”

——清《峨山图说》

“九老仙府”是仙峰寺与九老洞的统称。“寺号仙峰，洞邻九老；山迎佛顶，台接三皇。”仙峰寺第一座大殿前石柱上的这一副

石刻楹联，概括了“九老仙府”的主要景点，对旅游者最有吸引力的，是仙峰寺右侧0.5千米的九老洞，全称九老仙人洞。

相传九老洞是仙人聚会的洞府，明崇祯年间，少詹事兼翰林院侍读学士胡世安三次游历峨眉山后，在《登峨山道里纪》一文中说：“最奇者，莫如九老仙人洞。昔黄帝广成子访天皇真人游此，遇一叟洞外，询：‘有侣乎？’答以‘九人’。今名以此”。古人将九位寿仙与数术“奇门遁甲”中的天空九星对应，所谓九老，即天英、天任、天柱、天心、天禽、天辅、天冲、天芮、天蓬。后来，又融入了财神赵公明的传说，更增添了九老洞的神奇。

近人林散之的《九老洞》诗写道：“山雨不可晴，秋径没蒿莱。大坪何兀兀，九老尤奇哉。洞古潜蛟螭，风云时徘徊。松翠自波涛，半空起层台。此中有驯猿，时时清啸哀。老僧唤之来，饲之以青梅。相依两摩挲，情好如婴孩。我叹天地间，万物何相催。人与物无连，物与人何猜。”并注：“九老洞多猿，时出没峰峦岩石间，老僧与之甚狎爱，它人不可近也。”

古老的神仙故事，给九老洞蒙上了一层扑朔迷离的色彩。洞位于仙峰寺右侧山腰，藤萝倒植，下临绝壁。洞口呈“人”字形，高约4米。洞内黝黑阴森湿润，能直立行走的通道仅120米，往前岔洞交错，深邃神秘，未探明前，人多不敢入内。九老洞多年来一直是人们心目中的一个迷宫。1986年7月，经过四川省地质矿产局207地质队和有关专家联合进行科学考察后，才初步揭开九老洞之谜。

九老洞为峨眉山著名的岩溶洞穴，在长达1500多米向下延伸的通道内，有个全封闭型的观赏空间，它首先呈现出的是多变的空间美。第一段为浅部，人可直立行走。它有比较宽大的厅堂、廊道式洞穴，如水晶洞、燕子洞；第二段为中部，开始出现岔洞，至此仅能蛇行。这一段是九老洞的主体部分，多系网状交叉形的宫型洞穴，洞中有洞，洞下有洞，上下重叠，纵横交错，仅在洞穴交错处形成较大的洞穴或竖井，如虎牙洞、石笋洞、迷宫洞；第三段为深部，主要是裂隙型洞穴，一条阴河时而沿裂隙渗出，时而蜿蜒隐入洞底。

古老的传说与自然景观叠加营造出迷幻美感，洞壁和洞顶天然雕琢的岩溶造型绚丽多姿，启发人们产生自由而丰富的愉快联想。洞内的石钟乳、石笋、石柱、石芽、石花等，或如万剑悬垂，雨后春笋；或如巨型盆景，微型石林；或如琪花蕙草，异兽珍禽；或如仙女下凡，神仙对弈，和尚念经……俨然一座古朴而新奇、典雅而森严的艺术宫殿，令人忽惊忽喜。洞内蝙蝠倒挂，群燕飞扑，为这座地下迷宫增添了神秘感和生命活力。

大坪霁雪

“禅院清凉别有天，偶来净土识真禅；清光晃映雪光朗，心目空明照大千。”

——清《峨山图说》

大坪，危耸于黑白二水之间，一峰突起，海拔约1450米，位于峨眉山的中部，左与华严顶、长老坪、息心所、观心坡诸山比肩相望；右有天池、宝掌、玉女、呼应诸峰，四绕回环；牛心顶鼎峙于前；九老洞屏临于后。

山势险峻，孤峰脊岭，仅东北两侧各有一陡坡上下。东面蛇倒

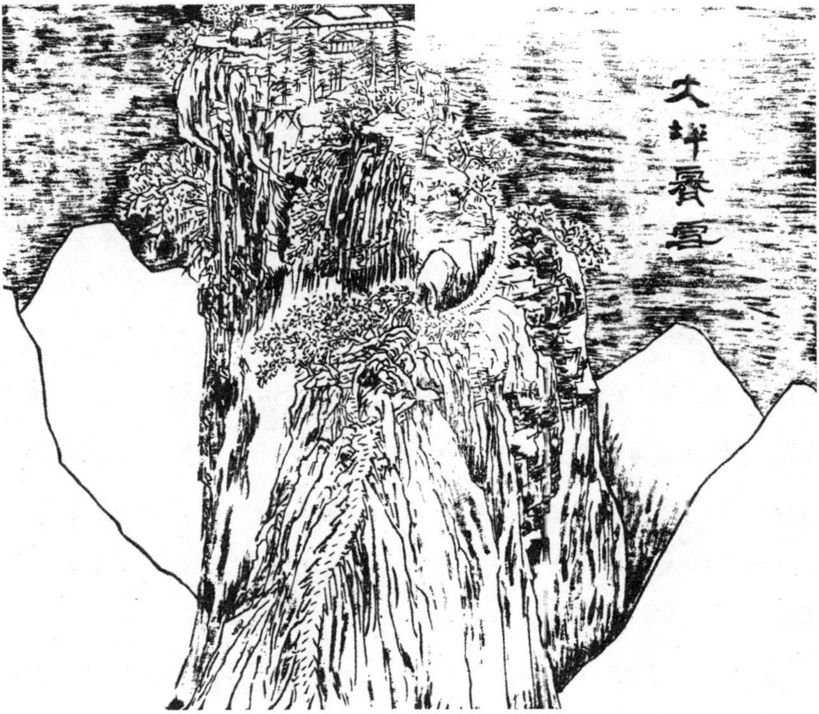

退险，北面猴子坡高，悬崖绝壁，行者如走在刀背之上，罕见人迹。峰顶平坦，林木蓊郁，云霞幻变。相传大坪有五奇：“猴回娘家”“蛇不咬人”“黑虎巡更”“乌鸦请客”“仙姑弹琴”，都在“大坪霁雪”中，冰雪奇缘。

每年立冬刚过，大坪已是雪花满山飞舞，纷纷扬扬，株株挺立的常绿乔木，如琼枝玉叶，白塔凌空。严冬时，峨眉山处处雪树冰花，全山宛似银色世界。明代四川嘉定诗人蔡祯《三峨雪霁》云：“三峨天下壮，秀色控青旻。绝巘千秋雪，危峰百仞银。日临观宝气，云敛见仙人。中有蓬莱客，丹砂远俗尘。”吴祖光在《雾里峨眉》一文中评说："雪景最大特点是白雪压在绿枝上。在别的地方的冬天，雪下只有枯萎了的枝条。"经过一冬雪花的浓妆淡抹，大坪和周围的群峰变成洁白的一片净土。赵循伯的《峨眉山》一书描述大坪冬景说："冬季晴雪初霁，杉条掩盖，咸如瑶树琪花。仰视则九岭冈如屏风九叠，横遮天半；俯眺青莲、白云、宝掌、天池诸峰，玉琢银妆，弥望一白，备极幽峭精绝之胜。"

晴雪初霁，伫立在大坪以上高海拔的山峰上，鸟瞰大坪是另一番"幽峭精绝"的冬景。大坪和环绕四周的群峰组成一朵庞大的雪莲花：大坪如同花心，丛丛参天古树活像花蕊，周围的峰峦宛似一裂裂花瓣。这朵洁白的雪莲花正展瓣吐蕊，盛开在峨眉山的腹部，盛开在广阔无垠的天地之间；冬阳下，白中泛红，温润晶莹，冷艳妖娆。倘若在后山的霁雪亭，倚栏静观，举目回望，游者如身处于雪莲花之中，飘然有羽化成仙之感。"大坪霁雪"凝聚着峨眉雪的形色美。宋代诗人白约在其《游峨杂咏》中叹曰："岩静长留雪，山寒故放花。"

萝峰晴云

"境幽正好学无余，太史虎臣曾结庐；佛圣来迎纵已渺，长空万里日光舒。"

——清《峨山图说》

萝峰位于伏虎寺右侧，相距0.5千米，是伏虎山下一座小山峦。草丰竹秀，涧谷环流，古楠耸翠，曲径通幽。

山峦上，数百株古松奇枝异态，苍劲挺拔，是峨眉山上少见的

松树聚生地。山风吹过，阵阵松涛回荡在山谷之间，颇有“松威”气势。夏季雨后初晴时，烟云从涧谷袅袅升起，或从蓝空缓缓飘过，从密簇簇的松林中望去，变幻百出：有时朵朵白云从伏虎岭飘下，飘到萝峰顶上，飘到游人身旁，缠绕在松树之间，时而飞舞、轻游，时而飘向岭下的峨眉平原，显示出峨眉云彩多变的流动美。

“云从石上起，泉从石下落。多少游山人，长啸倚山阁。晓钟有云出，晚钟有云归。游人应未惯，忽讶云生衣。”明代文学家杨慎《归云阁》诗中所描绘的“云出云归”图，恰似萝峰晴云景象。

萝峰晴云是美的，萝峰晴月也是美的。明月升到顶上时，蔚蓝色的天空，映衬着明月，看不出明月是嵌在蓝天上的，还是画在蓝天上的。月光照着松林，伴着松涛声，使人有一种洁净、清凉的感觉。

萝峰也是鸟瞰峨眉平原的最佳位置。登峰远眺，峨眉平原的勃勃生机尽收眼底，当轻云从伏虎岭飘过萝峰，飘下峨眉平原时，游者身在云中，顿有天上人间之感。

萝峰景色素为古人向往留恋。清代康熙年间，太史蒋超仰慕峨眉山，看中萝峰的晴云烟岚、日落月升，便住在萝峰下的罗峰庵里，夜以继日，以病弱之躯，完成了传世的《峨眉山志》，给后人留下一份宝贵的文献，蒋超也终老峨眉山。

罗峰庵，又名罗峰禅院，是一座雅致的小庙，已于1987年6月重建。翠竹掩映，桢楠蔽日，绝尘脱俗，有门联一副：“一尘不染三千界，万法皆空十二因。”庵后为新建的和尚塔，墓塔林立，庄严肃穆。

谭钟岳的《萝峰晴云》咏史写景，眷恋舒卷的晴云：“峰庵到此学仙余，太史虎臣曾结庐。跨鹤飞凫踪已渺,晴云一片卷还舒。”

峨眉道

仙道传说与峨眉

伏虎寺
關帝廟
下報國寺

中原重礼仪，巴楚重巫鬼，蜀人重仙化。

峨眉山，首先是一座仙山。正如李白诗云："蜀国多仙山，峨眉邈难匹。"

在中国地域文化中，四川具有仙山起源的历史地理基础。三星堆出土的玉璧、玉琮、玉璋，体现了蜀人古老的自然崇拜。玉璧礼天，玉琮礼地，玉璋礼山川。

金沙遗址出土的太阳神鸟，代表着蜀人的太阳图腾崇拜。神鸟逐日的地理路径，东南以峨眉山为起点，向西北一路飞翔，从天台山、西岭雪山、四姑娘山、莲宝叶则，最后到达"众山之祖"昆仑山，天地之柱，峨眉伯仲，神鸟飞天，峨眉为基。

鲁迅先生说："中国文化的根在道教。"道教起源的根在四川。道教的三十六洞天，七十二福地，构成最权威的名山体系。洞天群仙统治，福地凡人修炼。《洞天福地岳渎名山记序》云："乾坤既辟，清浊肇分，融为江河，结为山岳，或上配辰宿，或下藏洞天。"

峨眉山是道教第七洞天，前六位分别是霍桐山洞、东岳泰山洞、南岳衡山洞、西岳华山洞、北岳常山洞、中岳嵩山洞。名山排位峨眉仅在霍桐山和五岳之后，可见地位的重要。

峨眉仙山，从5000年的人文始祖走来，骑龙的轩辕黄帝，逐鹿的蒲公，骑羊的葛由，坐黑虎的赵公明，化身蛇的白娘子，骑骏马的吕洞宾，吟凤鸟的楚狂人等，在天地玄黄，宇宙洪荒，日月盈昃，辰宿列张之间，诠释着蜀山的仙道传奇。

乘龙的轩辕黄帝，问道峨眉天外天

轩辕黄帝是炎黄子孙共同的祖先，被尊祀为中国人文始祖，播百谷草木，制衣冠舟车，调音律合乐，撰《黄帝内经》，巡视国土，乘龙飞升。从中原到边疆，遍留他筚路蓝缕的华夏足迹。

黄帝与四川有着深厚的渊源，司马迁在《史记》中记载，“黄帝居轩辕之丘而娶于西陵之女，是为嫘祖。嫘祖为黄帝正妃，生两子，其后皆有天下。其一曰玄嚣，是为青阳，青阳降居江水。其二曰昌意，降居若水。”黄帝娶的妻子是盐亭的嫘祖，生下两个儿子，玄嚣和昌意，分别降生在岷江和雅砻江（一说大渡河）。雅砻江与流经乐山的大渡河成平行状，汇入金沙江。黄帝问道峨眉虽然传说久远，但是在历代文献的记载中渐成体系，也道出了他与峨眉山的问道传奇。

天皇真人是何身份，居然成为黄帝的“授业导师”？

南宋罗泌所撰的《路史》，采用道家等遗书说法，上溯“三皇五帝”之往事，记述上古以来有关历史，地理，风俗，氏族等方面的传说和史事。“泰壹氏，是为皇人，开图挺纪，执大同之制，调大鸿之气，正神明之位者也。”天皇真人来源于泰壹，就是天空的北斗星，所有星座都围绕它旋转，它成为主宰天地的最高中心，是为天帝。道教“三清”中最高尊位的元始天尊，所度而成各种化身，如天皇真人、广成子和老子等。

轩辕黄帝问道的地点在哪里？从问天、洍天到通天。

黄帝问道，首先是问天之途。元代赵万里辑《一统志》记载："十字洞，在嘉定府峨眉县三十里，洞口为十字，昕昏出云气，乃天真皇人论道之地。旧有观宇，今为荆棘。"十字洞，在今纯阳殿附近。明崇祯十二年（1639），胡世安在《登峨眉山道里纪》记述："自祠（纯阳殿）东北望，为宋皇观旧址，古有道纪堂，幽观别室，合三百五十间。左有千人洞，授道台，虚灵第七洞天之迹，即黄帝访天真皇人，授九仙三一五牙经处。"清末谭钟岳奉旨绘制的《峨山图说》，也有"宋皇坪外耸高台，犹忆轩辕访道来"的诗句。纯阳就是太阳，阳上加阳，至尊之天，问道之人的仰望之地，所以，后人传说纯阳殿附近有授道台。

虔诚问道，诚心点石成金。从清音阁入口牌坊沿溪行，有一形似金龟的巨石，相传是轩辕黄帝来峨眉山问道天皇真人，途经此地，突遇山洪，于是点金龟为石，安然经过，留下了金龟坝的遗迹。

问道必须修炼，洞天是绝佳场所。胡世安《登峨山道里纪》中有载："昔黄帝广成子访天皇真人游此，遇一叟洞外，询：'有侣乎？'答以'九人'，今名以此。"黄帝遇见的老人一定是鹤发童颜的长者，所以才会问还有没有同伴，老人回答竟有九人，留名为九老洞，也许"九"仅仅是虚指，但说明峨眉山寿仙众多，才会引起黄帝的兴趣。

天皇真人沟通天地，唯有金顶祥光。东晋著名的道学家和天文学家鲍靓著有《三皇经》："皇人住峨眉山北绝岩，苍玉为屋。"同一时期的《五符经》也描写："皇人住峨眉山北，绝崖之下，苍玉为屋。"苍为青色，代表天，玉是礼器，祭祀天，可见，黄帝到达金顶朝见天皇真人，绝岩之中迎接日出，苍玉之屋通天达道。

轩辕黄帝峨眉问道的内容是什么？

一是本源之道。道教典籍和正史阐述轩辕黄帝拜求的是“三一之道”，东晋道教理论家、炼丹家和医学家葛洪在其名著《抱朴子》中记载黄帝曾请问真一之道。百年以后的《魏书·释老志》说道家之源，出于老子……授轩辕于峨眉。一是从视、听、触三方面去识辨道的存在。《道德经》说：“视之不见，名曰夷；听之不闻，名曰希：搏之不得，名曰微。”这三者的形状不可追究，本来就浑然为一。二是万物的存在，天地人、日月星、君臣民、山川土、父母子等，都是道生一，一生二，二生三，三生万物。

二是术数之道。北宋张君房掌管国史及起居注，编辑《云笈七签》献给真宗皇帝。“云笈”是道教藏书之容器，收纳了上清派的七部之英，成为道教重要的典籍。“老君下降于峨眉之山，授黄帝《灵宝经》五符真文……天真皇人下授黄帝六壬式图、六甲三元、遁甲造式之法。”《灵宝经》的核心思想是救世度人，后来在道教、佛教的演变中，《灵宝经》认为佛教是元始天尊的一个分支，《灵宝经》亦可传授给僧人，峨眉山在道教向佛教转变中，有一定延续意义。“六壬式图”是运用星盘，通过北斗七星、十二地支、二十八宿等，预测判断嫁娶、发病、历法、屋宇、禄命、得官、祠祭、殡葬等事宜。“六甲三元、遁甲造式之法”是天地人之间的三才之道和数理之道，上层象天，列有九星，天蓬、天任、天冲、天辅、天英、天禽、天苗、天柱、天心。下层象地，分列八卦，坎、离、震、兑、乾、坤、艮、巽。中层象人，开八道门，伤门、生门、杜门、景门、死门、惊门和开门。“遁”就是隐藏其间，伺机而动，你从哪里来？将到哪里去？能到哪里去？在天干地支组成的六十甲子循环中，“甲”的天干首位，第一列为“六甲”，甲子、甲戌、甲申、甲午、甲辰、甲寅，代表着生命的起源，和人类出生时剪掉脐带一样。古文字中，“日”加上一竖，象征太阳“破甲而生”，喷薄而出，和女性身怀六甲，新的生命随后诞生一样。

三是治国之道。每一个人都与天地、四时、五行相对应，“人之生也，头圆象天，足方法地，发为星辰，目为日月，眉为北斗，耳为社稷，口为江河，齿为玉石，四肢为四时，五脏法五行，与天地合其体，与道德齐其生。”所以“一人之身，一国之象也……神犹君也，血犹民也，能知治身，则知治国矣。夫爱其民，所以安其国。吝其气，所以全其身。民散则国亡，气竭则身死”。所以，天皇真人在峨眉山传授给黄帝的治国之道，也是治身之道、治世之道、顺应自然之道。

首先要顺应自然，掌握自然的规律，生产必备的物资。古之圣人，盍三辰，立晷影，封域以判邦国，山川以分阴阳，寒暑以平岁。道执以卫众，交质以聚民，备械以防奸，车服以章等，皆法乎天而鞠乎有形者也。

其次是立于天地间，孕育精气神，知天命，尽人事，先治身，后治天下。“天地有启闭，日星有薄失，治乱有运会，阴阳有期数，贤愚之蔽，寿夭之质，贵贱之事，吉凶之敌，类气浮于上，而精气萃于下，性发乎天，命成于人，使圣人以为之纪。是以圣人欲治天下，必先身之。”

最后以仁义礼智信，形成教化风气，以教正俗，以德治国，同时要制定规则，以礼规范，以性命安生。“立权以聚财，葵财以施智，因智以制义，由义以出信，伏信以著众，用众以行仁，安仁以辅道，迪道以保教，善教以正俗，从俗以毓质，崇质以恢行，勤行以典礼，制礼以定情，原情以道性，复性以一德，成德以叙命，和命以安生，而天下自尔治……”

四是组织之道。《神仙传拾遗》：“峨眉山中神仙万余人，自皇人统领，置官府，分曹术，以度于人。”一个庞大的神仙群体，需要严格的管理和教规，张道陵创立道教时，设立二十四治。著名道士杜光庭（850—933），随唐僖宗入蜀，后来追随前蜀王建，官至户部侍郎、赐号传真天师。他在四川潜心著述，在《洞天福地岳渎名山记》中构建了洞天福地的道教名山完整体系，峨眉山是第七洞天。宋太宗曾有赠峨眉山题词：“天真皇人论道之地，楚狂接舆隐逸之乡。”说明峨眉山在道教起源中的重要地位。

仿生白猿司徒玄空，
峨眉派武林祖师

春秋战国时期，有不少文人、方士、武士隐居峨眉山。武士司徒玄空，号动灵子，耕食于山中，在与峨眉灵猴的朝夕相处中，模仿灵猴动作，创编了一套攻守灵活的“峨眉通臂拳”，学徒甚多。因为司徒玄空常着白衣，故徒众尊称其为“白猿祖师”。

东汉赵晔在《吴越春秋·勾践阴谋列传第九》中记载：女侠越女应越王勾践之召赴朝廷途中，持剑与“自称袁公”的老翁以竹过招，“袁公飞身上树，变为白猿”。这是“白猿公”的传说于春秋时期的最早记载。赵晔是东汉文士，说明白猿公的形象至迟在东汉出现。

唐代诗人李白在《结客少年场行》诗云：“少年学剑术，凌轹白猿公。珠袍曳锦带，匕首插吴鸿。”以白猿公为衬托，咏某少年剑术高超。唐代杜牧《题永崇西平王宅大尉愬院六韵》一诗：“天下无双将，关西第一雄。授符黄石老，学剑白猿翁。矫矫云长勇，恂恂却縠风。家呼小太尉，国号大梁公。半夜龙骧去，中原虎穴空。陇山兵十万，嗣子握雕弓。”其中，“授符黄石老，学剑白猿翁”明确认为关西第一雄大尉李愬的剑术是向峨眉白猿公学来的。明代抗倭名将唐顺之《荆川先生文集》中有一首《峨嵋道人拳歌》：“道人更自出新奇，乃是深山白猿授。”说明“白猿祖师”的说法流传十分久远，而且影响颇大。

南宋时期，峨眉山的德源长老模仿猿猴腾跃翻滚动作，创编出一套猴拳。因为他武艺高强而又眉毛纯白，人称“白眉道人”，故这种拳术又被叫作“白眉拳”，一直流传至今，现今四川、广东、香港、澳门有人习练，甚至美国、欧洲的华人都有练习。德源长老把峨眉山僧道的武技资料搜集起来，结合自身的经验，编写了《峨眉拳术》一书，从理论上对峨眉武术实践做了系统的总结。该书成为峨眉武术最早的文字资料。有学者认为，这本书是峨眉派武术发展成熟并自成体系的标志。

通臂拳也与峨眉猴态仿生有关，长期辗转流传中，逐渐形成了“通臂猿猴”“白猿通臂”等套拳，清代改为“六合通臂”，现传流于成都、重庆、攀枝花等地。而今的通臂拳中，还有“猿猴出洞”“猢狲撩阴”“醉猿探臂”“白猿献果”等动作，不是简单模仿猿猴，而重在揣摩猿猴特征，发力时“通肩”“通臂”，在闪、展、腾、挪、拍的起伏转折中，表现胸背吞吐、甩膀抖腕、双臂交换劈、拧腰切胯等特点。勾手的动作所占比例很小。通臂除拳术外，还有通臂功掌、通臂连环刀、通臂连环棍、白猿奇势大小连环，以及白猿刀、双刀、花枪、双剑、单剑、短剑等。

白猿祖师的武林传奇有着深厚的历史地理背景，到了战国时期，群雄逐鹿，战争需要刺激了武术、器械的发展。1963年冬，峨眉城东10千米处的符溪镇柏松林出土了一批青铜器，之后四川省博物馆用了10多年时间，挖掘出战国时期文物200余件。其中，铜制兵器共180件，有铜矛52件，铜戈35件，铜剑34件，铜斧24件，还有铜钺、铜刀、铜凿、铜簇、匕首，以及精美繁荣手蒂纹剑、蝉纹剑、虎纹剑、龙纹剑、鹿纹剑、鸟纹剑、人虎纹戈等。司徒玄空编创的

“猿公剑法”，与当时的“越女剑法”“玄女剑法”并称为战国时期三大剑法，为剑法始祖。大量的兵器与“仿生”装饰，同司徒玄空的“仿生武术”相互印证。司徒玄空堪称峨眉武术第一人，也是中华武术第一人。

明代唐顺之看了行云流水的峨眉拳，专门赋一首《峨嵋道人拳歌》：“浮屠善幻多技能，少林拳法世希有。道人更自出新奇，乃是深山白猿授。是日茅堂秋气高，霜薄风微静枯柳。忽然竖发一顿足，崖石迸裂惊砂走。去来星女掷灵梭，夭矫天魔翻翠袖。翖翕含沙鬼戏人，髬髵磨牙贙捕兽。形人自诧我无形，或将跟絓示之肘；险中呈巧众尽惊，拙里藏机人莫究。汉京寻橦未趫捷，海国眩人空抖擞。番身直指日车停，缩首斜钻针眼透。百折连腰尽无骨，一撒通身皆是手。犹言技痒试贾勇，低蹲更作狮子吼。兴阑顾影却自惜，肯使天机俱泄漏？余奇未竟已收场，鼻息无声神气守。道人变化固不测，跳上蒲团如木偶。”

吟凤鸟的楚狂人，癫狂也能留青史

从洪椿坪沿着蜿蜒山路向九老洞行进时，必然会途经一片浓密竹林。这里竹径通幽，山风送爽，是攀爬途中难得的歇脚地。竹林深处，一块突出于山坡的平整岩石赫然醒目，上面刻着“歌凤台”三个大字。相传这里是战国时“楚狂”陆通夫妇结庐隐居的地方，明代王士性在《游峨眉山记》中记载说：“一平台可坐数人，覆以翠竹，名歌凤台，楚狂隐地。”

战国时，楚地到四川山重重水迢迢，陆通夫妇远道而来，隐居在峨眉山实属不易，所以清代四川监察御史刘宗祥在《增修峨眉纯阳吕祖殿记》中也曾感慨说：“仙佛之迹蟠海内，而峨眉实雄九土。轩虞以来侈谭五岳哉，时尚中区未通巴蜀也。春秋楚狂接舆谊最高，却楚相，隐此大麓，盖其山有飞仙云。”

楚狂是谁？他怎么会出现在峨眉山？

从文献来看，楚狂是一位真实的人物，《论语》《庄子》《战国策》《楚辞》等诸多先秦文献均有记载。如《荀子·尧问》中说，天地没有智慧啊，竟然善桀纣，杀害贤良。比干被剖腹挖心，孔子被围困在匡地，接舆逃避社会，箕子假装发疯，田常犯上作乱，阖闾放肆逞强。

楚狂本名陆通，又名接舆，战国时楚国人，正统贵族出身，与楚国王族同出一脉，都是古代贤者陆终的后代。少年时应当生活富裕，并接受过良好的教育。成年后的陆通成家立业，娶妻生子，过着与寻常人一样的生活。但与其他贵族锦衣玉食的生活态度不同，陆通崇尚自然，倾向过自力更生的生活。晋代《高士传·陆通》说他“好养性，躬耕以为食”。孔子周游列国到楚国时，陆通以一种特殊方式与孔子见面，《论语·微子》篇说：“楚狂接舆歌而过孔子，曰‘凤兮凤兮，何德之衰？往者不可谏，来者犹可追。已而，已而，今之从政者殆而！’孔子下，欲与之言。趋而避之，不得与之言。”

一言不发就开始唱歌，这一定让见多识广的孔子感到诧异，何况又是用浓厚的湖北方言演绎，赶忙找人来翻译一下，才知道这位隐者所唱大意是“凤凰啊凤凰，你的德行为什么不断衰退？过去的无法劝谏，未来的尚可努力改变，算了，算了，今天的国事政事没有希望了”。孔子听到这充满哲理的歌，非常愿意向其请教。不想，陆通唱完就走了，也不给见面的机会，消失在孔子面前，消失在中国的史册中，让孔子在《论语》中留下了深深的遗憾。

陆通为何这样狂？原来是“光头”狂。

历史很有趣，很多成定论的故事往往经不起琢磨。陆通第一次现身，就被定义为“楚狂”。唯一能找到的原因是他剃头。这一点屈原在《九章·涉江》中说得很清楚：接舆剃光了头啊，桑扈裸身前行；忠臣不一定被任用啊，贤者不一定被推荐。作为老乡，屈原可能更熟悉陆通的故事，于是他为我们留下了一个光头狂士形象。

有人说，陆通剃头是抵制儒家正统思想，因为儒家认为身体发肤，受之父母，不敢有所损伤；也可能是削发明志，誓不入仕，因为剃了头的人是不能担任国家公职的，可以逃避楚国王室的“出仕”骚扰；也有可能是陆通想用“剃头”引起楚王室的关注，寻找一条终南捷径。

关于这一点，西汉初年韩婴所作《韩诗外传》中做了详细说明：楚狂接舆自己耕种并收获粮食。他的妻子去集市还没有回来，楚王派遣送黄金百镒的使者已经来到他家门口，说：“大王派我奉上黄金百镒，想请先生治理河南。”接舆笑而不答应，使者没有得到结果就告辞了。接舆的妻子从集市回来，接舆说：“今天，楚王派使者拿了百镒黄金，想让我治理河南。”妻子问：“难道答应了？”接舆说：“没有。”妻子说：“君王派你却不服从是不忠，服从了是不义，不如离开吧。”于是他背上釜甑，妻子带着纺织的工具，改名换姓，不知道到哪里去了。

这则故事很有意思，一方面刻画了陆通夫妇高洁的志趣，另一方面又透露出陆通对于出仕的矛盾心态。面对楚王的邀请，陆通只是“笑而不应”，不置可否。陆通夫人倒是深明大义，于是两人逃遁。

逃到哪里去呢？世界这么大，不如田园归去入峨眉。

对于陆通夫妇的行踪，《韩诗外传》说：“乃夫负釜甑，妻戴纴器，变易姓字，莫知其所之。”短短数字为我们描画出一幅陆通夫妇逃难图：陆通背起锅碗瓢盆，夫人带着纺纱织布的家什，他们改名换姓，流亡他乡，没有人知道他们去了哪里。不过，据西汉刘向《列仙传》中记载，陆通来到了峨眉山，喜好养生之道，吃橐卢木的果实和芜菁籽。他游历各大名山，在峨眉山上，世代都能见到他，在那儿住了几百年才离去。

那时的峨眉山还没有西来的佛法，也没有熙攘的游客，只有高耸入云的雪峰和绚烂多姿的杜鹃花，只有略略平整就可以种植希望的肥沃土地和汩汩流走的山泉。四下当然也有人烟，但这里的百姓也都安天命好美食，简直就是一处桃源胜地。不走了，留下吧，无须再改名换姓，因为千山万水之外的楚王已经作古；留下吧，也无须癫狂剃头，因为这高山秀水已然揉碎了心中的痴狂。不过那首在孔子面前唱过的《楚狂接舆歌》，倒是可以编排整理，以便流传后世时更完整些。

天下有道，圣人可以成就事业；天下无道，圣人只能保全生命。眼下这个世道，仅仅能避开刑戮。幸福像羽毛那样轻无，不知怎样才可以去承受；灾祸像大地一样沉重，不知怎样才能避免。过去了，过去了，以后就靠仅有的这点德行了；结束了，结束了，在被规定好的轨迹上奔跑！昏暗无光使我看不清，但不妨碍我的前行，弯弯曲曲使我行动不便，但也不会伤害我的双脚。

多年之后，楚狂隐居的事情经过人们不断口耳相传，越来越生动有趣，俨然峨眉山第一件文化大事。而陆通夫妇也成为历代文人墨客争先歌咏的对象。唐代陈子昂就写下了“浩然坐何慕，吾蜀有峨眉。念与楚狂子，悠悠白云期”的诗篇，怀念他在峨眉山的生活，歌咏陆通夫妻情深，赞许他们为理想而保护自己的单纯。

坐黑虎的赵公明，守卫九老洞的财神

赵公明是道教中的正财神，最早却是瘟神的形象。晋代干宝的《搜神记》中说上天命赵公明等“各督数万鬼”，到凡间取人性命。而赵公明因参佐王佑的廉洁及孝心而感动，不仅没有取他的性命，反而为其疗病，还留下了辟邪的“赤笔”十余支。经过唐宋元历代不断完善，赵公明成为惩恶扬善的化身，可以保佑“子孙昌炽，文咏九功，武备七德，世世贵王，与天地无穷”，尤其具有“公平买卖求财”的法力。

赵公明如何来到四川峨眉山，相关最早记载是汉代道教经典《典籍实录》，里面提到后羿射日后，赵公明落入青城之内成为鬼王，后来幻化成人，“骑黑虎，执银鞭，乃赵公明也”。青城、峨眉同为天府的城郭，一脉相承，道教中青城是第五洞天，峨眉为第七洞天，山脉文脉相通相连。

峨眉山与赵公明之渊源来自《封神演义》“广成子破金光阵”一回。闻太师是商纣王的首席大臣，文武双全，威仪并重，各路英豪在讨伐商纣王的战斗中，面对太乙真人要破解他的“化血阵”，闻太师无计可施，想起峨眉山罗浮洞的赵公明。于是，赵公明亲自乘骑黑麒麟，挂金鞭，往峨眉山来，邀其助阵。

赵公明在峨眉山修炼得功力无边，“辟地天开，成了道果，得此二宝（缚龙索和定海珠），方欲练性修真，在峨眉山罗浮洞以正元始”。他以一敌三，一出场就将姜子牙劈落马下，就连黄龙真人、赤精子、广成子、玉鼎真人和灵宝大法师组成的超级天团也被他轻易击破，简直就是神仙中的“战斗神仙”。

不过，武王伐纣毕竟是正义之战，赵公明最后还是被姜太公所杀。灭商以后，姜太公念起赵公明曾经治病救人、武功高强，封他为“金龙如意正一龙虎玄坛真君”，主要职能就是迎祥纳福，被誉为“招宝天尊”“纳珍天尊”“招财使者”“利市仙官”，从瘟神励志逆袭为中国民间的正财神。

传说宋真宗梦见赵公明的故事。大中祥符五年（1012），宋真宗对宰相王旦说，他梦见玉皇大帝令赵氏祖先授予他天书，赵氏祖先自称是人皇九人中的一人，曾转世为轩辕黄帝。后唐时，奉玉帝之命，七月一日降世，主赵氏之族，总治下界，于是，宋真宗追尊赵玄朗为“上灵高道九天司命保生天尊大帝”，宋代赵氏皇族也找到了君权神授的理由。在峨眉山九老洞，轩辕黄帝问道和赵公明修炼的传说集于一体。

九老洞洞口不远处有一石如床，相传是赵公明的卧具。在入洞数十米处的神台上，犹立有赵公明元帅塑像，骑着黑虎，一手执金鞭，一手持元宝，成为朝山游客祈福财神的洞天宝地。同时，赵公明还留给峨眉山两件珍宝——定海珠和缚龙索。

《封神榜》说定海珠“自原始以来，此珠曾出现光辉，照耀玄都，后来杳然无闻，不知落入何人之手”。对于定海珠的功能，“此宝祭于空中，有五色毫光，纵然神仙，观之不明，瞧之不见”。什么东西在空中能有五色之光，照耀天际，而且能为在峨眉山修持的赵公明所拥有呢？也许就是峨眉山的佛光，明代王士性《游峨眉山记》记述“（佛光）中现作宝镜空湛状，红紫绿五色晕其周，见己身像，俨然一水墨影”。

缚龙索，大约是峨眉山的千年古藤。峨眉山气候温润，藤萝属长势良好，千年古藤亦有不少，人们将其称为“普贤线”。《峨眉山志》说“遇仙寺旁，另有普贤线。岩畔苍苔如乱发，缠挂古藤，下垂十余丈，缕缕不断。传说普贤菩萨在悬崖绝壁意留此线，引渡游人攀登顶峰”。宋代人宋祁的《益部方物略记》也说“附树苔须也。峨山深谷中有长至寻丈者……盖阴雨所积也”。即便今天，峨眉山九老洞也有藤萝垂下。难怪赵公明首次战败前往三仙岛时，就表示自己必须夺回这两样宝贝，才能回到峨眉山继续修行。

骑羊的葛由，绥山仙人

峨眉仙山仙人的传说颇多，最有名的当属葛由。据《列仙传》记载：“葛由者，羌人也。周成王时，好刻木羊卖之。一旦骑羊而入西蜀，蜀中王侯贵人追之上绥山，绥山在峨眉山西南……随之者不复还，皆得仙道。故里谚曰：得绥山一桃，虽不得仙，亦足以豪。”

羌人葛由与峨眉山的联系，代表着古老民族的渊源。著名社会学家费孝通说：“羌族是中国最古老的民族，是一个向外输血的民族，很多民族都流淌着羌族的血液。”羌族以羊为原始图腾崇拜，传说羌族在岷江流域迁徙途中，族中巫师劳累过度，昏昏入睡，经书掉落在地上被羊吞吃掉。后来，羊托梦给巫师说：“我死后，将我的皮做成鼓，敲三下，经书就会道出来。”于是，羌族巫师所戴的帽子被用羊皮做成两个角，所持法器用羊角、羊皮、羊骨等制成。羊与阳同音，阳的崇拜也是太阳崇拜。岷江之水在乐山接纳大渡河、青衣江，峨眉山在三江环抱之中，“峨眉山月半轮秋，影入平羌江水流”。羌人顺江而下，上绥山成仙。

周成王时期，中国建立了五服制度，按照离都城的远近，分为甸服、侯服、绥服、要服、荒服，峨眉属于周王朝安定的西南边疆，是需要实施文治教化的区域。蜀中王侯见到葛由，追随他来到峨眉绥山，也是西周时期神话之游的体现，上昆仑神山和峨眉仙山追求长生不老，仙桃也就成了仙山、仙人之间的联系，能够得到绥山仙桃一枚，不成仙也足以感到自豪。

仙桃在中国文化中，是太阳崇拜、四季轮回的植物图腾。春夏秋冬的往复体现了人生的全过程。《诗经》中“桃之夭夭，灼灼其华”，讲述了女孩婚嫁之后，为男方生儿育女，是桃文化生命之始。生命诞生后需要保驾护航，所以，道士的桃木剑、门户上挂的桃符神荼郁垒、桃花源入口的桃树，都具有保佑的功能。春天的桃花水、桃花汛带来青年男女恋爱的季节。成长过程中，“桃李不言，下自成蹊”，朋友豪情，桃园结义。硕果累累之时，申猴送桃，进入夏秋丰收的季节。冬天来临，仙人寿桃，寿比南山。所以，峨眉绥山的仙桃，是绥山仙人的珍贵信物。

逐鹿的蒲公，花见花开的开山祖师

峨眉山初殿是最早建立的寺庙，相传东汉时蒲公采药，看见一只美丽的鹿出没于山间，于是逐鹿而去，鹿逐渐消失在林中。鹿蹄踩过的地方，开出一朵朵莲花。莲若佛缘，于是，峨眉归佛，由此始肇，所建之殿就被叫作“初殿”。

《译峨籁》详细记之：“有蒲公采药于云窝，见一鹿，异之，追至绝顶无踪，乃见威光焕赫，紫雾腾涌，联络交辉成光明网，骇然叹曰：此瑞稀有，非天上也。”下山后，蒲公直接来到西来寺，将所见告诉了寺庙中的宝掌千岁和尚，和尚说：“这是普贤菩萨降下的祥瑞，代表着如来佛祖将在这里护法。具体问题你可以去找迦叶摩腾和竺法兰两位大师询问。”这两位大师，最早来到中国白马寺，翻译了最早的佛经《四十二章经》。公元64年，蒲公来到洛阳，拜见了迦叶摩腾和竺法兰，告诉他们自己的亲眼所见。两位大师说：“好啊，幸运啊，你见到的是普贤菩萨。”大师们一致认定峨眉山为普贤菩萨的道场。

南宋著名诗人范成大在《峨眉山行纪》中将初殿称为“簇店”：“凡言店者，当道板屋一间，将有登山客，则寺僧先遣人煮汤于店，以俟蒸炊。”“簇店”不过是板屋一间，僧人在此煮汤蒸饭，迎接登山游人，后来“簇”变为“初”，“店”变为“殿”，音相同而字不同，意义也不同了。至明代，曾有续恩禅师在此铸铜佛三十余尊，耗尽心血。明末崇祯年间，这里又增铸铁钟。清乾隆年间，初殿曾被火焚烧，后由南舟禅师重建。

看似缥缈的传说，实为峨眉的佛缘。《金刚经》云：“一切有为法，如梦幻泡影。如露亦如电，应作如是观。”因缘聚会，缘起性空，如梦泡影的虚幻，如露珠闪电般飞逝，开启了佛如莲花的初殿，来来往往的众生，一眸千年，尘世万年。

周边的山峦形似灵鹫，所以初殿又名“鹫殿”。释迦牟尼在印度灵鹫山说法，灵鹫山是佛教的庄严圣地。唐玄奘西游到此曾撰文记载，此处有临崖精舍，高广奇制，“今作说法之像，量等如来之身”。千年之后，中国佛教协会前主席赵朴初先生感叹中印文化交流，佛教在中国发扬光大：“昔游天竺访灵鹫，叹息空荒忆法华。不意鹫峰飞到此，天花烂漫散吾家。”初殿的鹫峰，缘佛而至。

鹿迹莲花与佛祖生莲，异曲同工。佛祖诞生时，步步生莲，站立在莲花上，一手指天，一手指地。天际祥云之间，天女散花，九龙灌浴。

鹿在佛教中象征着吉祥。鹿野苑是佛陀初转法轮之处，位于古印度的波罗奈城外。佛陀在此向五随从讲解四谛圣法之后，度化众生，被尊为佛教圣地。佛祖传法花雨满天之时，吸引了许多小动物来听法，其中两只可爱的小鹿就代表着常伴其侧的弟子，围绕着法轮，表露出千古不变的虔诚和皈依，所以鹿成为佛教中建筑的典型标志。

佛教认为禅修时坐鹿皮垫子，能吸收鹿皮的精华，增加定力和意识。鹿还象征着慈爱与温柔，观音菩萨左肩和胸前就披着鹿皮。鹿也象征着断灭，因为鹿从不会在同一个地方持续过夜。蒲公逐鹿，跳跃鹿迹，也蕴含着峨眉山佛教起源的奥秘。

在佛经《鹿王本生》中，释迦牟尼前生就是一只九色鹿王。

传说从前在印度的恒河岸边，美丽而善良的九色鹿王正在河边散步，突然有人落水，九色鹿王不顾自身的安危，纵身跳入河中，把落水人调达救上岸来。调达感激涕零，向九色鹿频频叩头道谢。九色鹿王说："不必谢了，回去吧，亲爱的调达，我只希望你不要向任何人透露我的行踪。"调达发誓说："恩人啊，请你放心。如果我背信弃义，就叫我浑身长满烂疮，嘴里散发出恶臭。"说完就走了。在途中，调达见到了一张国王悬赏捕捉九色鹿的布告，说摩因先王的王后因梦见美丽的九色鹿而想马上得到它，谁有九色鹿的信息，就可以领赏。调达见利忘义，立即前去告密并为国王的兵马领路。重重包围中的九色鹿，猛然跳到国王面前，陈述了救人以及调达背叛誓言的经过。调达无地自容，刹那间身上长满了烂疮，嘴里散发着恶臭，受到人们的鄙弃和唾骂。国王非常惭愧，下令国人，从此不准伤害九色鹿。王后的欲望落空了，又羞又恨，心碎而死。

今天的游客能看到精美动人的敦煌壁画《鹿王本生》，与峨眉山初殿的鹿王一样，绽放出一样的吉祥莲花。宋人范缜有诗咏："前去峨眉最上峰，不知岩嶂几千重，山僧笑说蒲公事，白鹿曾于此发踪。"

骑驴上山的孙思邈，峨眉的药王真人

唐代著名医学家孙思邈，少年好读，天资聪明，被称为“圣童”。长大后学习老庄学说，精通道家典籍，并致力医学，为乡邻治病。在隋唐动荡之际，隐居终南山，终日采集草药，研究药物，研读《黄帝内经》《神农本草经》等古代医书，广泛收集民间流传的药方，编著成《千金要方》《千金翼方》等书，记载了800多种药物和5300多个药方。

唐太宗即位后，召孙思邈入京师长安，见他容貌气色、身形步态如同少年一般，十分感叹：“有道之人真是值得人尊敬呀！像羡门、广成子这样的人物原来世上竟是有的。”唐太宗对他礼遇有加，他也在太医院完成了世界上第一部国家药典《唐新本草》。但孙思邈志于回到乡间为民医病。因他信道，也炼过金丹，北宋崇道的徽宗皇帝追谥他为“妙应真人”。在民间，他更被尊称为“药王”，被神化为半仙半人的神医。

一代药王与一座药山注定要相遇，孙思邈遍访名山采药，终究来到峨眉。当地至今流传着孙思邈在罗目镇雇驴骑上山的故事。毛驴本是孙思邈的坐骑，一日，驮着药材的毛驴，突然遭到了一只斑斓猛虎的袭击。毛驴在临死前，一只蹄子恰好踢到了老虎嘴中，一块碎骨头刺进了老虎的喉咙里。老虎鲜血直流，奄奄一息。孙思邈怀着仁慈之心，拔出骨刺，救活了老虎。为了报恩，这只老虎后来成了孙思邈的坐骑。

最早记载孙思邈在峨眉山采药的，是唐代段成式的《酉阳杂俎》："玄宗幸蜀，梦思邈乞武都雄黄，乃命中使赍雄黄十斤送于峨眉山顶。中使上山未半，见一人幅巾被褐，鬓发皓白，二童青衣丸髻，夹侍立屏风侧，以手指大磐石曰：'可致药于此上，有表录上皇帝。'中使视石上朱书百余字，遂录之。随写随灭，写毕石上无复字矣。须臾，白气漫起，因忽不见。"明代《译峨籁》也转引了这个典故。唐玄宗避难入蜀，龙体欠安时都会梦见孙思邈，此时唐人已将他神化为妙手回春的仙翁了。现在中峰寺后面，还保留有一块神奇的石头，称为"雄黄石"，以纪念传说中孙思邈送唐玄宗雄黄之事。

宋代王象之《舆地纪胜》载："勾度，峨眉人，与孙思邈隐于青莲峰下，孙授以黄白之术，辞不受，愿易治病之方以济世。会有权势者欲传其术，度弗许。囚之一室，纵火焚之，仿佛影像腾空而去。"孙思邈居住在清音阁前的牛心寺，懂得炼丹的"黄白之术"，但是峨眉后生勾度不想学炼丹，愿学医术为百姓看病。当时有权势的官家或豪绅请勾度传授医术，他不答应，被关起来，竟能如影像一般腾空而去，说明深得孙思邈的道术，也被后人大大地神化了。

在峨眉山期间，孙思邈与名僧智者大师和茂真尊者交往颇深。《峨眉山志》记载："呼应峰在白云峰左，中峰寺后，智者大师道场下有茂真尊者庵，孙真人隐峨眉山时，与（智者）大师、（茂真）尊者常呼应，故名。寺后有棋盘石，相传三人弈棋于此。"相传，对弈联系的信使竟然是峨眉的灵猴，呼应峰和棋盘石因他们的交往而得名。传说智者大师离开峨眉去到湖北玉泉山，将衣钵和禅杖留在中峰寺，同时峨眉山的泉水可以直接通到楚地湖北玉泉寺，具有很好的药用疗效，称为“神水通楚”。

北宋苏轼为孙思邈的画像写下七绝《题孙思邈真》：“先生一去五百载，犹在峨眉西崦中。自为天仙足官府，不应尸解坐虻虫。”

峨眉山孙思邈的足迹对范成大影响极大，范成大在《峨眉山行纪》中写道：“牛心，本孙思邈隐居。相传时出诸山寺中，人数见之。小说亦载招僧诵经，施与金钱，正此山故事。有孙仙炼丹灶在（牛心岭）峰顶。及淘米泉在白云峡最深处，去寺数里，水深不可涉。独访丹灶，灶旁多奇石。祠堂后一石尤佳，可以箕踞宴坐，名玩丹石。”“箕踞”就是随意张腿的坐姿，形似簸箕。范成大还写有七律《孙真人庵》一首：“何处仙翁旧隐居，青莲巉绝似蓬壶。云深未到淘米洞，雨小先寻炼药炉。”将这里比喻为蓬莱仙岛。范成大自幼身体不好，仕途也坎坷，所以，在担任四川制置使和成都知府时，他专程游历峨眉山，有感于孙思邈的行迹，后坚定地回乡隐居，赋闲养生。

明清时期有许多孙思邈在峨眉山采药制药留下的药臼、药罐的记载。明万历十六年（1588），王士性《游峨眉山记》记载：“（牛心）寺僧出真人丹鼎与继业三藏锡杖焉。”万历三十年（1602），嘉定知州袁子让《游大峨记》载：“（双飞）桥亭二僧，一持茂真尊者禅杖，一捧真人药臼，曰‘是藏于牛心后寺者，后有司命移贮于此，便旅客观也。’予取玩之，果非近代有者。”明代“嘉定四谏”之一、监察御史徐文华在《天柱峰》中颂扬孙思邈“真人采药天门峰，长风飒飒凌芙蓉。真人煮药灵芝洞，丹灶灰寒度清梦”。

清代《峨眉山志》还说明了药臼、药罐的来龙去脉：“药罐铜质，大容数升；臼乃铁质，有六足，重二十余斤”“双飞桥后白衣观音阁，有孙真人药臼、药罐，又有茂真尊者禅杖，先在后牛心寺，继移阁下，后为川南道陕西李公一鳌取去”。峨眉城里曾有明代建的药王庙，今已不存。

修道千年的白娘子，从峨眉到西湖的爱情

白娘子和许仙的传说家喻户晓，白娘子传说的起源地，就在峨眉山水之间。

黑龙江和白龙江汇流在清音阁，形成黑白二水洗牛心的奇观，下游不远处名宝现溪，溪水中有一沙洲凸显，流传着斗龙坝的传说。白娘子得道前只是一条小白蛇，在旁边的白龙洞里，从早到晚，勤修苦炼。有几分法力后，游至天庭，偷吃了王母娘娘蟠桃园的蟠桃，道行大增，又回峨眉山继续修炼。没想到在此修炼的，还有一条青蛇。一山不容二蛇，她们便来到宝现溪前的大坝展开决斗。青蛇急于取胜，念动咒语，布阵施法，雷声过处，一团黑火飞向白蛇。白蛇急忙祭出一颗红宝珠。青蛇不知这红宝珠的厉害，一口就吞到肚子里。谁知这红宝珠像一团火球，在青蛇肚子里窜流翻滚。青蛇赶紧吸一大口水入肚，不喝不打紧，一喝则水火不相容，痛得青蛇满地打滚，滚出个方圆五里多的大凼。只见溪水猛涨，翻波逐浪，昏天蔽日。白蛇见青蛇倒地，便收回红宝珠。青蛇方才止痛。从此，青蛇变成了白蛇的随从。

白娘子功夫高强，一千多年才脱胎换骨，炼成仙体。她的护身法宝是一颗红宝珠，为防止被盗和失落，时常含在嘴里，只有在修炼时，才紧闭洞门，把宝珠置于台上，宝珠红光四射，洞里一片光明。一日，附近一只修炼得道的母狼得知白娘子炼成了一颗红宝珠，佯装老妇人混入白龙洞，强夺宝珠。因其道行更高，白娘子不敢恋战，逃出洞府。老妇人夺得宝珠回狼窝的途中，遇到了一位采药的青年，看见装草药的背篓里放了一瓶酒，便毫不客气夺来一饮而尽。谁知，这是专治跌打损伤的药酒，药力酒力一并发作，母狼现出了原形。这采药人见母狼现出原形，便挥起铁锄头往狼头上砸去。母狼“哎哟”一声，红宝珠便从狼嘴里滚落在地。母狼睁眼一看，这采药人原是灵霄殿仙童，也顾不上什么红宝珠了，灰溜溜地逃走了。

采药人捡起宝珠，继续前行采药。刚走到白龙洞洞口，就听到一位姑娘的哭声，便进洞询问：“姑娘为何哭？”“我的红宝珠被抢走了。”白娘子答道。采药人连忙拿出刚刚捡到的宝珠：“是不是这颗？”“正是正是，请问官人是如何得到的？”采药人把刚刚的经历讲了一遍，便将红宝珠物归原主。白娘子问：“官人既然住在西湖边上，为何来峨眉山采药？”采药人回答：“最近病疫流行，一位道人说要峨眉山的草药才能医治好百姓。”为了感激采药人归还红宝珠，白娘子主动带他去山里采药。转眼间，七天过去了，采药人要返程了，白娘子非常不舍地送走他，暗下决心，等到完全修炼得道后，便去西湖找他。就这样，冬去春来，寒来暑往，白娘子终于得道。此时的灵霄殿仙童已转世为许仙，与修炼千年幻化成人形的白蛇在雨中邂逅，并同船共渡，造就一段姻缘。

从峨眉山到西湖，不仅演绎了“百年修得同船渡，千年修得共枕眠”的传说，也体现了中国山岳中“山神”与“蟒蛇”的关联性。《山海经》中有大量异兽，“多鸣蛇，其状如蛇而四翼，其音如磬”，“有兽焉，其状如牛而白首，一目而蛇尾，其名曰蜚”。

古老山神的原型就是蟒蛇。慧远开启庐山，弟弟慧持开启峨眉，在庐山的佛教度化故事中，“神从床后出头，乃是大蟒，不知尾之长短，至高膝变”，这与许仙见到显形的白娘子何其相似。东晋僧人竺道爽明确指出：“夫自称山岳神者必是蟒蛇。”所以，峨眉山出现白蛇传说，有其深厚的佛教渊源。

清乾隆年间，白蛇与峨眉山的传说故事出现在方培成所撰的《雷峰塔传奇》中。如来佛祖说：“今日慧眼照得震旦峨眉山，有一条白蛇，向在西池王母蟠桃园中，潜身修炼，被他窃食蟠桃，遂悟苦修，迄今千载。不意这妖孽，不肯皈依清净，翻自堕落轮回，与临安许宣，缔成婚媾。那许宣原系我座前一捧钵侍者，因与此妖旧有夙缘，致令增此一番孽案。但恐他逗入迷途，忘却本来面目。吾当令法海下凡，委屈收服妖邪，永镇雷峰宝塔，接引许宣，同归极乐。”

今天的白龙寺前殿大门对联，依然禅意隽永，令人神往：“金顶正当山门，暮暮朝朝餐秀色；白龙潜通海穴，年年岁岁赏青音。”

骑骏马的吕洞宾，狗怎么咬得到？

吕纯阳，字洞宾，别号纯阳子，道教主流全真道祖师，传说中的八仙之首。中国民间习惯说的“狗咬吕洞宾，不识好人心”，源于二郎神的哮天犬私自下凡祸害人间，吕洞宾奉命去收降。哮天犬被收入法宝“布画”后，吕洞宾担心哮天犬困于其中，心生慈悯，遂将其放出来，结果反被咬了一口。

他为何来到峨眉山，又是谁为他修建了纯阳殿呢？

历史上确有吕洞宾其人。生于唐德宗贞元十四年（798），京兆（今西安市）人，一说是山西省蒲州市人。会昌年间两举进士不第，此后浪迹江湖，先隐居终南山修道，后来到峨眉山的绥山。虽然路途遥远，但对于他并不是难事，《宋史·陈抟传》说他“百余岁而童颜，步履轻疾，顷刻数百里。以为神仙”。

从罗目镇向东行不到2千米，有一处大型敞开式的喀斯特溶洞，溶洞中心顶部悬着一块巨大的钟乳石，因白中带紫酷似猪肝，而得名“猪肝洞”。传说吕洞宾于此洞修行，嫌该名称不雅，将“猪肝洞”改为仙气飘飘的“紫芝洞”，并且隐逸洞中，不食人间烟火，啜饮“紫芝”上的清泉，长生不老，羽化登仙。

随着投奔的弟子日益增多，吕洞宾移居峨眉山千人洞修炼，洞里逐渐住不下了，为扩展洞府，他用剑在洞壁上横劈一下，竖劈一下，岩崩石裂，洞穴立即宽阔了，留下了巨大十字形裂缝。明人朱子和游峨眉山时有感于此，在《天柱峰》一诗中写道："仙人剑去空青壑，丹鼎芝存铺彩虹。"

明万历年间，信奉道教的赫嬴游山至此，得知十字洞是吕洞宾到此以剑划石而成，是吕洞宾当年隐修的洞府，便在这附近重建吕仙行祠，历经数年终于建成。十字洞就在纯阳殿附近的山岩下，据《峨眉山志》记载，明代一位猎人经过此洞时，发现一个孩童站在洞外，以为是附近农家的孩童，没有在意。等到晚上回了家，才忽然想起这附近也没有农家，荒山野谷的，又有狼群出没，甚是危险，便立马起身前往十字洞寻找，找了一圈也不见踪影。一位云游道人告知他，当日所见的孩童便是吕洞宾，因为"得道之人复归于婴儿"，也就是我们常说的返老还童吧。赫嬴在纯阳殿还留下一通石碑，赞叹"茫茫大道，凝秀为山，独全为仙，浑化曰圣尔"。

到了明崇祯六年（1633），巡按四川监察御史刘宗祥率峨眉县令朱国柱捐资增修，更名纯阳吕祖殿，简称纯阳殿。清代初年道士们逐渐离开峨眉山，道观凋敝，乾隆、嘉庆年间（约1736—1796）扩建成佛堂，但名称沿用至今。《增修峨眉纯阳吕祖殿记》赞曰："纯阳吕祖，博大真人。乘正御辨，游乎昆仑。虚空不毁，以本为精。巍巍荡荡，誓度群生。岳阳黄鹄，峨眉锦屏。紫金臂引，太乙舟横。凄然其秋，暖然其春。象光灼灼，鹤驭泠泠。名山万古，至道千寻。维祯维干，大物是凭。"

峨眉禅

历代寺僧与峨眉

赤城山
往會峰寺

峨眉山，是一座“象往之山”！

普贤乘象而至。山下的普贤船，沧海普度；万年寺的普贤铜像，慧持庄严；洗象池的月夜里，白象皎洁；金顶的一方普贤，从四正（东、南、西、北）、四维（东南、西南、东北、西北）和天地（上、下）诸方位，接引众生。

禅意大象无形。普贤坐骑的六牙，象征一布施、二持戒、三忍辱、四精进、五禅定、六智慧；四足代表四如意，即欲如意、念如意、精进如意、慧如意。历代高僧追寻普贤的足迹，将心中的明灯化作峨眉的无限禅机：“春有百花秋有月，夏有凉风冬有雪。若无闲事挂心头，便是人间好时节。”

华严吉象庄严。峨眉山开山祖师惠持，与兄惠远大师在庐山合作翻译了《华严经》。《华严经》中的理想禅境大光明山，结缘在峨眉金顶，经为山立名，山为经载道。释迦牟尼、普贤、文殊合称“华严三圣”。佛为佛宝，文殊为法宝，普贤为僧宝。峨眉山的格局，以金顶为中心的佛界，以万年寺为中心的法界，以大佛禅院为中心的僧界，大千世界万条路，华严三界一峨眉。

众生象往而来。仰望金顶，万盏祈福普贤的明灯，回望峨眉，流连忘返世间的繁华。普贤是伟大的行者，无论山外的烟火与山内的香火，都能行愿合一，心想事成。

每一次朝圣之旅，从山麓的人人之系，山中的人神之间，到山顶的天人之际，人间天平有象，峨眉气象万千。

慧持大师：峨眉开山第一人

相传北宋高宗年间，四川峨眉山突遇狂风，山中一棵千年老树被拦腰折断。残存的树桩上竟有一人仍在打坐。只见他衣衫破烂，手脚的指甲都已经缠住了身子，头发胡子也都长成了一片。这人很快被当地官员送到国都开封，高宗命人轻敲引磬，慢慢引他出定。出定后，这人的第一句话是："我兄长还好？"众人不解："你兄长是谁？"他答道："释惠远。"人们惊奇不已，惠远是晋代高僧，庐山的开山祖师。700多年了，来峨眉山开山的惠持，始终入定守护着峨眉。

峨眉山历史文献中，这一神奇传说代代相传。明代人袁子让在游览峨眉山时中还找到一个叫"老僧树"的景点。"再上，为老僧树。传树在百年前已枯矣。枯而空其中。有八十岁老僧常跏趺其内，忽一日坐化，树枯隙处复合，枝叶为之复荣。盖僧得树而后逝，树得僧而再生，若相得也。"《峨眉山志》也记载："高僧峨山老僧树，共知为晋远公禅师北慧持。"《中国佛教寺院大观》说："有史可查的峨眉山佛教历史，始于东晋隆安年间，净土宗创始人之一慧持大师前来传播，创建了全山第一座寺庙万年寺。"

慧持法师（336—412），俗姓贾，雁门楼烦（今山西代县）人，东晋高僧慧远的亲弟弟。慧皎在《高僧传》中说他"性情淡泊恬静，有高远宏大的志向"，虽然十四岁才开始读书，但天资聪颖，进步神速，所谓“一日所得，当他人一旬所得。善文史，巧才智”。超群的记忆力，让他一天的学习抵别人十天之功。十八岁时，他与哥哥惠远一起投奔了襄阳的高僧道安，正式出家。史称他随后“遍学众经，游刃三藏”。

除了佛学渊博，惠持法师还长相俊美，《高僧传》说惠持身高八尺，风神俊爽，常常脚蹬草鞋，纳衣半胫，庐山上的佛家弟子约有三千多人，其中不乏英秀之人，但都比不过惠持。惠持法师生活的历史时期，正值两晋交替、五胡乱华，狼烟四起，万里良田变战场，饿殍遍野流离，年轻的惠持只好跟随哥哥惠远离开北方，南渡后来到荆州、庐山、南京等地继续弘法。

琅琊王氏是东晋时期南京的望族。东晋权臣王珣笃信佛法，在南京广建寺庙，热心资助佛教事业，邀请印度高僧僧伽提婆翻译《中阿含经》。当王珣听说惠持送他姑姑道仪来南京时，便极力请他来审定译文，为《中阿含经》的出版发行做出了贡献。完成译经后，他又回到庐山，豫章（今江西南昌）太守范宁又请他在庐山讲授《法华经》和《阿毗昙心论》，一时间，僧众四方云集，信徒千里遥集，听他讲经的人们络绎不绝。被誉为“开启中国译经史新纪元”的高僧鸠摩罗什也为他的风采倾倒，与他“遥相钦敬，致书通好，结为善友”，足见他当时的影响力。

惠持法师在江南的事业蒸蒸日上，声名鹊起，但他却做出一个惊人决定：离开庐山，前往四川峨眉山。史载：“持后闻成都地沃民丰，志往传化，兼欲关瞩峨眉。”

惠持离开兄长惠远，经水路来到了荆州。刺史殷仲堪崇信佛教，与东晋权臣桓玄一起热情接待了惠持并苦留他，但慧持悄悄地留下书信，不辞而别。“本欲栖病峨眉之岫，观化流沙之表，不能负其发足之怀，便束装首路。”

到达四川之后，惠持法师先住在成都龙渊精舍，随即便登临峨眉山，在峨眉大弘佛法，广交朋友，广结善缘，修筑普贤寺。很快，他的周围就聚拢了一批有志于佛法研修的人士，其中就包括刺史毛璩。空寂的峨眉山路上开始有了僧侣的身影，幽静山谷中多了喃喃诵经和梵呗之声，蜀地百姓也多了一处可以告慰心灵的精神家园。但混乱的十六国时期，国家分崩，豪杰并起，战火不久就烧到了天府之国。晋义熙元年（405），蜀郡参军谯纵反叛攻杀毛璩，割据蜀地建立西蜀政权。一时间天地变色，喊杀声震天，哪里还能精心修佛，惠持法师一行只能临时避难至郫县一寺庙。

但兵祸很快降临，领兵是谯纵的侄子道福，一个凶杀成性的魔头。郫县寺庙外很快“人马浴血”。寺内僧众全都惊慌逃散，只有慧持法师依旧守护寺庙。他稳健沉着，若无其事。当道福杀进寺内时，见法师一人正在房前洗手洗脸，神色安详。他大步走到法师身边，两人四目相对之后，法师淡然自若地用手指将盆中水撩出。这一简单的动作使道福感到愧悔，汗流浃背。他出来后对左右的人说：“大人故与众异。”心中有信仰而伟大的人，就是与常人不一样啊。

蜀地叛乱平息之后，法师回到成都龙渊精舍继续弘扬佛法，经历生死考验的惠持法师对佛法的理解更加精深，后人评价说他“讲说斋忏，老而愈笃”，他也俨然四川佛教的一面旗帜。在他的努力之下，峨眉山佛光普照，进入了新的历史时期，他所创建的万年寺依旧是峨眉山规模最大的寺庙群。义熙八年（412）法师逝世。

惠持法师生前十分重视律仪，他清高淡雅，依律行事，临终前留下对弟子的遗训："经文上说，戒如平地，众善由生。你们的一举一动，行住坐卧，都要谨慎啊！"今天万年寺门额上的那副对联"是谁将眼孔放开，看得穿大千世界；到此要脚跟站定，方许入不二法门"正是法师严格的精神与气节留存。

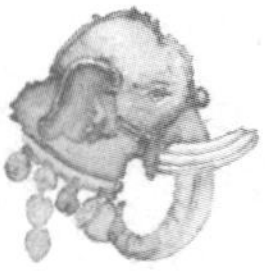

宝掌和尚：一掌千年握乾坤

峨眉山佛教起源的最早传说，可上溯到公元前5世纪的周威烈王时期。传说那时候，在印度，一个小孩出生了，骨气不同常人，眼睛大，鼻子长，两耳垂肩，双眉高挑，尤其是左手紧握，始终不展开。直到7岁他剃发出家时，这只手才打开，结果里面竟然出现了一颗宝珠，所以人称“宝掌”。奇人必有异相，据说宝掌活了1000多岁，成为一代佛学大师。

宝掌和尚在汉魏时期来到中国，那时大约已有500岁了。他的到来不同凡响，先是蒲公前来拜见，说看到峨眉山鹿步步生莲，宝掌断定，这是普贤出现的瑞象。《华严经》以妙峰为境界，又妙又高，伫立在妙高峰上，看到这山如月初现，所以称为峨眉。原来宝掌早就洞察到峨眉的普贤光明，前500多年住在印度，走过了天竺五个王国，这次专门追寻峨眉而来。

宝掌和尚是第一个对峨眉山进行名山定位的人，“高出五岳，秀甲九州，震旦第一山也”就是他的深度解读和创意，并得到了著名书法家王羲之的高度赞扬。后者在《与谢安书》中说：“蜀中山水如峨眉山，夏含霜雹，碑板之所闻，昆仑之伯仲也。”

宝掌和尚在峨眉山习禅期间，每日诵经不辍。他诵经的速度极为惊人，每天要诵读《般若经》等千余卷。有人见此作诗形容他：“劳劳玉齿寒，似进岩泉急。有时中夜坐，阶前神鬼泣。”

峨眉山灵岩寺，据说是宝掌和尚的结茅旧址，宋代改名为“护国光林寺”，明代改名为“会福寺”。历代游人留赋题诗者甚多。明人张奇庵《游灵岩寺》写道：“空堂烧柏子，共坐话无生。雷雨千岩化，风泉万树鸣。梦清人境绝，禅寂法心明。诸有皆成幻，浮云笑此行。”

诗中的“柏子”与“无生”，乃是禅宗有名的公案。一位学僧问著名的赵州禅师：“什么是达摩祖师从西方来传授的佛法意旨？”赵州说：“庭前柏树子。”学生不解：“柏树子也有佛性吗？”“有。”“什么时候成佛呢？”“虚空落地时。”学僧又问：“虚空什么时候落地”赵州禅师曰：“柏树子成佛时。”看似循环的回答，代表无穷的禅意，无生无灭，不生不死，这便是空。

清朝的海与和尚，因其好友天峰禅师隐于灵岩寺，为之赋诗一首《赠天峰禅师隐灵岩》：“荆秀蔚蓝巅，幽人避地偏。茶烹松吼渌，香霭鹤腾烟。危坐消阴劫，清眠乐梵天。纵教深立雪，无物与君传。”

“纵教立雪”也是一段典故，禅宗二祖慧可向达摩求法，立雪门外，斩臂明志，达摩收他为徒弟后却无物可以传给他。慧可着急了：“弟子心不安，请师父为我安心。”达摩说：“你先把心拿给我，我为你安”。慧可说：“弟子找不到啊。”达摩告诉他：“这就对了，你要是找到了，那就不是你的心了，我这不帮你安好心了，你看到了吗？”慧可顿悟。

宝掌在洪椿坪下结茅修行，人物相映，禅意相通。后来，宝掌离开峨眉，遍游中国名山，“行尽支那四百州，此中遍称道人游”，洪春坪的山峰千沟万壑像禅师手掌映在峨眉，故称宝掌峰。

唐贞观年间，宝掌和尚在浦江的宝岩山，与朗禅师结为好友。每次给朗禅师通消息，就派一只白犬过去，朗禅师则养有一只青猿为使，送信而来。二人以此为乐，题诗于石壁上："白犬衔书至，青猿洗钵回。"

唐高宗显庆二年（657）大年初一，宝掌和尚开始雕塑一像，塑完后问弟子慧云："这像谁？"慧云说："与师父一模一样。"宝掌和尚沐浴更衣，跏趺而坐，对慧云说："我已经活了一千零七十二年了，今天该谢世了。你听我的偈子：'本来无生死，今亦示生死。我得去住心，他生复来此。'"随后又说："我死以后六十年，有个僧人要来取走我的遗骨，你不要拒绝他。"说完端坐而逝。

他死后五十四年，有个刺浮长老来到宝掌和尚塔前，礼拜说："但愿塔门洞开。"塔门瞬间自己开了，里面宝掌和尚的遗骨连环相套，灿若黄金。刺浮长老便把遗骨带往秦望山，建塔收藏。

宝掌归葬的秦望山，相传是秦始皇到绍兴求仙观海的地方。不知是不是巧合，宝掌与王羲之都提出峨眉是"昆仑伯仲"。秦望山与兰亭景区毗邻相望，"秦望与兰亭，山山递送迎"，佛教与艺术，都在此"仰观宇宙之大，俯察品类之盛"。

贯之和尚：一以贯之洗尘垢

伏虎寺是峨眉入山第一大宝刹。晋时为一小庙，唐代云安禅师重建。南宋绍兴年间行僧心庵再建，据说虎患严重，建尊胜幢以镇之，改名伏虎寺。又有说寺庙后面山形状如伏虎而得名，也名虎溪禅林。清顺治年间，贯之和尚历时二十载，主持建成全山最大寺庙之一。

贯之大师生于明万历三十三年（1605），川南犍为人，俗姓王，从小颖慧过人，十二岁时，父亲去世，虽然每天读儒家经典，却厌倦尘世苦海，每当听和尚讲经说法，便感觉怡然自得，于是把自己所有的一切都奉献出来，供养僧人们。他多次求母亲允许他出家，终获同意。母亲送他到嘉州金碧庵，拜三济和尚为师，起僧名“性一”，法号为“贯之”。

《论语·里仁》中说“吾道一以贯之”。做人做事，按照一个道理，从一而终不会改变，贯之的确做到了，安心学习佛典，穷研经律。凡遇外来僧人，他必定殷勤恭谨地虚心求教，若是略有得益，便如获至宝，欣喜求证。他勇猛精进的学习态度为人钦敬。后来，其师三济和尚圆寂，贯之便转依于夙明法师，在那里受沙弥戒。

崇祯十七年（1644），天下大乱，民不聊生。贯之隐居于铜河狮子山上，结茅而居，接待四方禅客，坚修净业。他预料到大乱之后，必有凶年，于是率众耕种土地，积蓄粮食。果然，张献忠杀入西蜀，残破荒凉，饿殍遍地。贯之拿出他积攒的粮食，救济大众，但是并不以此为德，而是以禅心担负起慈悲之责。

那时的峨眉山诸寺刹，在兵火劫难之后，香火冷落，行人绝迹，虎狼横行。山上僧人生活难以为继，贯之十分忧虑，竭囊籴米，运送供给峨眉僧众，峨眉僧人尽仰其德。于是，峨眉高僧印宗和瞿如与其他人商议后，诚邀贯之来峨眉重建已经毁废的伏虎寺。贯之谦辞不掉，便答应下来。转年春天，他让门下弟子先来，不料还没到虎溪桥就被白额大虎伤了一人。于是，贯之亲自率众前来，在伏虎寺旧址上结茅建屋。突然，一只卧虎从林中一跃而起，却摇尾而走，不再伤人，大家都称赞这是贯之“道德足感异类”。

贯之在伏虎寺边上建起虎溪精舍，接待各方来客达十多年之久。凡有登峨眉的朝中官员，无不被他的精神感动，回去便帮助上奏，劝修伏虎大刹。20多年终于完成，“左右殿堂楼阁，共百十余间，巍然焕物，为峨眉第一大观”。

清康熙二十年（1681），贯之大师坐化。临逝之时，他命寺内僧人们诵经，完毕之后他归方丈，要来纸笔，写偈曰：“经车七十六，自愧无长处。弘誓深如海，道心高似佛，生生任我行，世世人天路。万物常围绕，那些随分足。”僧众们齐念大悲名号百余声，贯之掷笔端坐，合掌而逝。

贯之遗身供大众瞻仰十余日，期间颜面如生，异香满室，火化之时，一道白气冲天，直冲霄汉，灵骨被葬在伏虎寺附近的红珠山。清人程仲愚登峨眉，写下《感贯之和尚》：“元亮何缘两荐馨，云岩觉到资多情。夜猿衣月犹三啸，晓磬鸣泉起九京。钵里杨枝开次第，庭前柏树语分明。静然歇灭还支遁，买得名山风日清。”

清人宋肄章在《贯之和尚塔铭》中盛赞："践履纯熟，用心坚固。以利人为志，以济物为怀。不惜身命，成此因缘，故不须说法，而无处非法；不必安禅，而无时不禅也。"不说法而四处皆法，不安禅而无时不禅，这是一以贯之的境界，众生终于明白，为什么伏虎寺的"离垢园"，世间风乍起，片叶不沾身，纤尘不染。千年庭前柏树子，尽在峨眉风日清。

无瑕禅师：雷音寺前狮子吼

雷音寺，又名解脱庵，位于玉女峰下。山下的瑜伽河上，有一座解脱桥横跨其上，明代所建的青石两墩三孔平梁桥，颇有禅之古意。原桥旁有一池塘，蓄水盈盈，供游人净身沐浴，有“仙人会”之称。原来还有一石坊，坊上横书“震旦第一”四字。秦时天竺称中国为“震旦”，意为日出之方，称峨眉山为“震旦第一”。继续登上260余级的解脱坡，它被称为峨眉山第一坡，是引领游客步入中国第一山的序曲。峨眉的山路渐入佳境，入山首要的心情就是放松身心。明代胡世安的《解脱桥》中写道：“到此利名心，一回一解脱。”蒋超在《峨眉山志》中解释：“入此解脱尘凡，出此解脱险阻。”入山至此解脱尘世烦恼，出山到此解脱险阻。果然，解脱桥、解脱坡一过，解脱庵立于眼前，茂林阴翳，依山傍势，前临悬崖，下为山道，山重水复疑无路，柳暗花明又一村。

峨眉山路总是渐入佳境，建筑的历史变迁也值得回味。欣然藏立的雷音寺，始建于明代嘉靖、隆庆年间（1522—1572）。万历元年（1573），无瑕禅师结茅于此。清初曾一度改名为解脱庵。清光绪十年（1884），改建寺宇，取“佛音说法，声如雷震”之意，更名为雷音寺。《西游记》中的玄奘西行，最后达到的终点是那烂陀寺，也名雷音寺。《慈恩寺三藏法师传》描写该寺“庭序别开，中分八院，宝台星列，琼楼岳峙，观竦烟中，殿飞霞上，生风云于户牖，交日月于轩檐，羯尼花树，加以流水逶迤，青莲菡萏，晕焕其间，庵没罗林，森疏其外。印度伽蓝数乃千万，壮丽崇高此为其极”。

雷音寺的不凡，确与一位不凡的禅师有关。明朝无瑕禅师，名广玉，四川资阳县人。三十岁那年，他遇到世外高人，顿觉自己身属佛门，于是辞家远走，到大足县宝顶寺剃发出家。当时为他受戒的戒师问：“僧从何处来？”无瑕说：“师父在何处问？”戒师就笑着说：“原来本识佛性。”

这是一个暗含禅机的问。明代憨山德清和尚，去参拜临济宗第二十八代祖师笑岩德宝时，便被问得无地自容。笑岩问他从何处来。他说南方。笑岩陡然亮出禅机：“还记得来时的路吗？”德清说：“过后便忘了。”笑岩祖师一语双关地说道：“你却是来处分明。”无瑕禅师亮出的禅机十分机智，将“从何处来到何处去”的经典命题，巧妙地回旋成“师在何处问”。

无瑕在游峨眉山时，在九老洞中礼拜一个叫“白老师”的高僧。白老师见他来，就说：“是谁？把禅杖拿来，让我痛打一顿。”无瑕说：“我虽在又不在，真人超天外。你杖打空中，只是枉自辱四大。”白老师赞叹道：“如是！如是！”

无瑕的回答妙不可言，似乎超越了佛教上最有名的“德山棒”。唐代德山宣鉴禅师以棒打作为学法和传法手段。答得上来打三十棒，答不上来也打三十棒。学生不明白：“老师，怎么会都要打三十棒？”宣鉴说：“你再问，也打三十棒。”学生不回答，结果也打三十棒。佛教的当头棒喝，在于让学法之人临机反应，顿悟佛法真谛，但又不能直白讲出，禅意只可意会不能言传。无瑕禅师的“又在又不在”，道空、天空、地空、人空，往哪里打呢？

传说无瑕禅师法力无边，有一天登上峰顶，欣喜九峰胜景，栖息于圣灯洞中，长达两个月，饿了采野菜充饥。山中野兽极多，经常有一只老熊到洞里来，每见无瑕摄心端坐，老熊就围着转悠半天，终是不敢走近。还有一次猛虎咆哮而至，无瑕依然寂坐如故，虎也不敢伤他，不久也离开了。“摄心退熊虎”，使无瑕声名大振，人人对他顶礼膜拜，向其参禅问道。建好雷音寺后，不论老幼贤愚，只要来摸摸无瑕，或者脱帽让无瑕摸顶，都能使病情好转，身心愉悦。

明万历十一年（1583），无瑕对众人说：“我将化去。”弟子们悲痛至极，劝师父不走。涅槃之时，远近竞相登山，来看他最后一眼。无瑕沐浴剃发，跏趺而坐，为众人说偈：“反身登台化乐天，只手单拳不用船。百万人天狮子吼，空中还有不二禅。”言罢，风雨大作，雷电交加，禅师悄然坐化。

释迦牟尼出生时，一手指天，一手指地，作狮子吼。无瑕禅师的“百万人天狮子吼”，将佛门发扬光大，不二禅意犹如雷音，至今飘荡在峨眉空中。

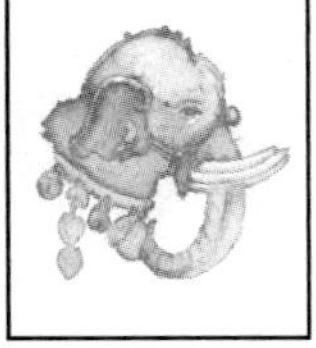

密印安民禅师：薪火相传在峨眉

中峰寺是峨眉山低山区著名的寺庙，在山林与乡村之间，凡尘与古刹共处，出现过一系列大德高僧，其中，密印安民禅师是开山祖师之一。

密印安民禅师是宋代嘉州（今四川乐山）人。他出家以后，勤奋好学，聪颖过人，后来在成都为人讲解《楞严经》，为众多学佛之人所叹服。当时名僧圆悟禅师居于成都附近的昭觉寺，密印安民便前往参访。据《五灯会元》记载：圆悟禅师为众讲法，讲到唐代禅宗大师赵州曾说："这事就像人在暗中写字，字虽不成，但文彩已彰"。圆悟问大家："什么是文彩已彰？"但无人能回答。

密印安民也不知其意，便焚香登门求教。圆悟问："你讲的什么经？"密印安民说："《楞严经》。"圆悟就说："《楞严经》有七处证心，心在身内、心在身外、心潜在根里、心在内外明暗之间、心在随所合处、心在根尘之中、心在无所著处。那么，心到底在哪里？"密印安民大谈一通，但圆悟全都摇头，"你要这么领会：一切地方，文彩已彰"。第一个问题还没有回答，第二个问题又出现。

后来有僧人来问圆悟："君心印作何颜？"圆悟厉声说道："文彩已彰！"密印安民似乎有所省悟，又向圆悟求教，但圆悟略谈两句，他又懵了。

“文彩已彰”是一个难以解开的偈语，但密印安民仍锲而不舍地追问到底，有一次请教圆悟：“请师父先别说话，先听我说。”圆悟同意。“师父平常用鼓槌，使拂尘，这是不是就是表明经中所说‘一切世界诸所有相，皆即菩提妙明真心’？”就是要发现自己的真心，见到自己本来的真性。

密印安民又说：“师父大喝一声或者敲禅床时，是不是‘返闻闻自性，性成无上道’之意？”明白这个现象是如何变来的，后面是个什么东西，才能耳根圆通。

圆悟说：“你难道没看见经上说‘妙性圆明，离诸名相’吗？”在圆明的本性中，世界和众生是本来没有的，密印安民恍然有悟。

后来圆悟举“古帆未挂”让众人参究，密印安民仍然不懂。圆悟说：“你来问我，我来回答。”密印安民就问：“什么是古帆未挂？”圆悟说：“庭前柏树子。”原来这一切都回到禅宗的奥妙：“菩提本无树，明镜亦非台，本来无一物，何处染尘埃。”一切源于本心，妙哉意会不能言传，未写一字，文采已彰，古帆未挂，身未动，心已远。

密印安民方大彻大悟。他对圆悟说：“古人说‘一滴投于巨壑’，殊不知‘大海也投于一滴！’”有形与无形，尘埃与无穷，直指人心，见性成佛。

圆悟禅师大加赞扬，以密印为首座弟子，并题诗一首：“休夸四分罢楞严，按下云头彻底参。莫学亮公亲马祖，还如德峤访龙潭。七年往返游昭觉，三载翱翔上碧岩。今日烦充第一座，百华丛里现优昙。”

圆悟禅师的首肯，奠定了密印无可取代的地位。圆悟是北宋开封和南宋临安的皇家寺庙住持，享有崇高的地位。为大家熟悉的是提出“禅茶一味”，并传到日本，被著名的一休和尚等继承，成为日本茶道的起源。圆悟的得意弟子们又成为峨眉山的高僧，为峨眉山禅茶奠定了深厚的文化基础，峨眉也堪称禅茶之源。

圆悟禅师赞扬密印的诗中有一个典故。“德峤”即德山宣鉴禅师，四川简阳人，习佛多年，自视很高，最初听闻禅宗名声大振，天下归心，便发誓要去禅宗寺庙一比高下。宣鉴直奔龙潭寺，快到庙前，因饥饿向路边摆摊卖点心的婆婆讨点吃的。婆婆看他挑着经书，便问他：“你讲什么经？”宣鉴回答：“《金刚经》。”婆婆说：“我有一个问题，你要答得上，我就施予你点心；你要回答不上，就请到别处吧！《金刚经》里说：过去心不可得，现在心不可得，未来心不可得。不知您要讨的是哪个心？”宣鉴一下懵了，没想到，一个普通的乡野老妇，竟然如此禅心，看来这庙门深不可测。

受挫的宣鉴直奔法堂，高声质问：“久闻龙潭寺大名，但为何龙也不见，潭也不见？”此时，端坐于法堂上的崇信，淡淡笑答：“龙也不见，潭也不见，您不是亲自来了吗？”这一答，机锋闪耀。

天色已晚，崇信问道：“夜深了，你怎么还不回去睡觉？”宣鉴走出法堂说：“天好黑呀。”崇信法师点燃一根纸烛，伸手递出，宣鉴刚接住，崇信法师忽然一口将纸烛吹灭。此刻，宣鉴心中豁然开朗，倒身便拜。崇信问：“你见到了什么？”宣鉴回答：“心中之灯。”

密印安民回到峨眉山栖居下来，先在保宁寺开法，后迁居华藏寺，最后在中峰寺做住持。曾有法语云：“众卖花兮独卖松，青青颜色不如红。算来终不与时合，归去来兮翠霭中。”他说，众生“逃峰赴壑，避溺投火”“富嫌千口少，贫恨一身多”，至今仍然是生活哲理，值得品味。

密印安民总是能讲出深奥禅意中的寓意，他曾给弟子讲法：“玉泉和尚说：好雪片片，下到腊月，再从来年正月，下到十月，片刻也不歇，把大家全都冻死饿死，免得胡说八道。”然后问道：“这话不是骂人，也不是赞叹，你们说玉泉的意思是什么？”沉默良久后，一言警醒：“但得雪消去，自然春到来。”

密印为了峨眉山佛教发展，在培养弟子上倾尽心血。别峰禅师前来参拜时，密印相见恨晚，推荐他去见圆悟克勤，圆悟禅师问别峰：“以前的圣人们，用什么接引人们呢？”别峰不回答，举起一只拳头。圆悟说：“这是老僧我用的，以前的圣人用什么？”别峰把拳头一挥，圆悟举拳相迎，会心一笑，尽在不言中。圆悟说：“此人将来跟我一样。”

密印爱才惜才用才，别峰在成都昭觉寺三年，密印在中峰寺一直为他留着第一座的位置，圆悟、密印、别峰，传诵着峨眉山薪火相传的佳话。密印安民在峨眉圆寂焚化之后，心和舌竟然柔软不坏，而且得舍利极多，颗颗粒粒，皆光明莹洁。

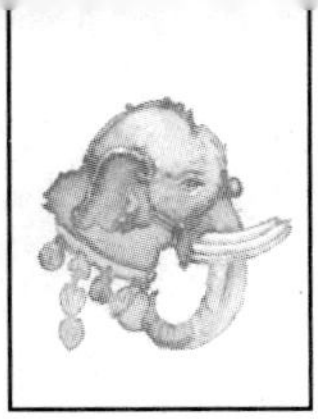

别峰禅师：诗佛相伴陆放翁

别峰又名宝印，字恒寂，俗姓李，是龙游县（今四川乐山）人，出生于宋徽宗赵佶大观三年（1109）。史料上说“他的家族世代居住在峨眉山脚下，幼时便很机警，一天之内可以背诵上千文字。因为不喜欢世俗生活，不久就在德山院出家。成年后，他已能精通晓儒家六经和百家学说。于是他追随华严宗超信法师等名师，继续佛理的学习和探究，学习期间他的水平明显高过其他同学”。很明显，别峰禅师天资聪颖，记忆力超群，又能博览群书，加上名师的指导点拨，他很快成为同龄僧人中的佼佼者。北宋中后期，经济繁荣，文化昌盛，但军事孱弱，政府腐败，面对西夏、辽、金等的威胁束手无策，外战屡战屡败，割地赔款，文人士大夫内心既失望又惶恐，只能将更多的精力寄托于山水和禅宗。

成年后的别峰离开乐山，上峨眉山修持，先后拜禅宗高僧圆悟克勤和密印安民为师，深入学习禅宗要领。高僧密印当时住持峨眉山中峰寺时，深为他的禅学学识所感动，特推举他为该寺首座。中峰寺在峨眉山历史悠久，前有东晋惠持法师的建寺，后有明果大师的加持，历代高僧辈出，禅风浓厚。由于“博通六经及百家之说”，别峰禅师在此地讲经说法，总能旁征博引，纵横捭阖，将艰涩拗口的佛法理论用儒家、道家的故事加以生动阐释，甚至中峰寺前的石阶花草，山中清风，涧底的流水，都成为他说法时的鲜活案例。生活化的语言，贴切的比喻，让听经者如沐春风，多有所得。对别峰禅师而言，学佛法当然不是寻章摘句，不是做死板经文的传话筒和复读机，而是善于从周遭事物中体味佛法的精妙，感受佛法的深邃。

峨眉讲法为别峰禅师聚集了大量人气，为他吸引了大量粉丝，其中就有他的好友、著名诗人陆游。两人惺惺相惜，成为一生的好友。别峰与陆游第一次见面应当在峨眉山。南宋乾道九年（1173）四月，陆游从蜀州（今四川崇州）通判调任嘉州（今四川乐山）摄理政事（代理知州），有感于峨眉山风光秀丽，禅宗鼎盛，不觉诗意大发，迫不及待地登山礼佛。那年陆游四十八岁，别峰禅师已六十三岁，一位是名满天下的高产诗人，一位是隐居山林的佛门高僧，他们的碰撞，诗中有佛，佛中有诗。

陆游有备而来，他恭敬地向禅师请教“大乘”与“小乘”的区别。凡夫俗子只顾拜佛求神以保佑自己福禄双全，平平安安，乡野村夫只求来世大富大贵，子孙满堂，而这位嘉州父母官开口却询问佛法宗派的不同，这让别峰法师对他刮目相看，法师极为认真地解释道：“小乘佛法厌世，主张弃智，甚至火化焚身，只求自己成佛，不管众生苦痛。而大乘则劝人诸恶莫作，众善奉行，通过度尽众生成正果。这是两者的区别。当然，我虽学佛，也常读儒家经典，研习老庄学说，只有与儒道圆融无碍，才能让佛法更好阐发其理之精深。”

陆游听罢极为佩服，他想不到一位深山之中的禅师不仅佛学渊博，对儒、道思想也如此精熟，便主动谈起了自己对宗教的理解。两人畅谈道家之“无”、佛家之“空”、儒家之“实”，你来我往，妙语连珠。

交谈中，别峰法师发现对面坐的嘉州摄理政事，竟然就是驰骋抗金疆场的勇士陆游，也颇为仰慕，不觉就吟诵起陆游那首著名的《关山月》：“中原干戈古亦闻，岂有逆胡传子孙。遗民忍死望恢复，几处今宵垂泪痕。”陆游则当即为禅师赋诗一首：“月落平羌照俗尘，和风润染菜花春。繁华已尽空如梦，愿在中岩遇故人。”自此，两人成了忘年交。陆游下山之后，别峰禅师派人赠送他名茶“峨眉雪芽”。后来禅师驻锡宁波四明山雪窦寺之时，退隐老家山阴（今绍兴）的陆游也多次上山拜访。两位老友还“尝相约还蜀，结茅青衣唤鱼潭（今青神县中岩寺唤鱼池边）上”。

绍熙元年（1190）十一月，别峰宝印突然去见智策，言将别离，智策问禅师何日西行，宝印曰：“水到渠成。”十二月初七，别峰法师圆寂于杭州径山。陆游闻讯，含泪写下《别峰禅师塔铭》，称赞他弘法的业绩。“圆悟再传，是为别峰。十坐道场，心法之宗。渊识雄辩，震惊一世，矫乎人中龙也！海口电目，髦期称道，卓乎涧壑松也！叩而能应，应已能默，浑乎金钟大镛也！师之出世，如日在空。隐于崦嵫，其可以为终乎。”

明果大师：中峰出道，即是巅峰

中峰寺原为道家观宇，名乾明观，始建于晋代。后来道教式微，道士下山，乾明观成了中峰寺，菩萨像接替了三清泥塑，不变的则是这“竹径通幽处，禅房花木深”的静谧。和峨眉山诸多道观改佛寺不同，中峰寺与其重要创立者明果大师似乎有着天生的缘分，“乾”者，天也，明者，日月也。明果者，明心正果，问道禅定，能够让道士也皈依佛门，留下峨眉佛道演变的佳话。

明果大师是晋代四川资中人，自幼在龙游山剃发出家，后来前往长安大兴善寺学习佛法。大兴善寺是中国早期佛教史上的重要寺庙，它始建于晋武帝泰始二年（226），最初取名尊善寺。作为“佛教八宗”的“密宗祖庭”，它曾长期承担中国佛教经典翻译的重任，是公认的帝都长安三大译经场之一。北宋《长安志》称赞它“寺殿崇广，为京城之最”。佛门圣地让明果顿悟开示，依旧毅然决定回峨眉住留。《四川通志》和《嘉定府志》载：“晋释明果，资州人，幼剃发龙游山，谒秦竺法护于大兴善寺。一日，闻护开示，顿悟厥旨。回蜀，来峨眉山，就宝掌峰卓锡。”

明果的师父是著名高僧竺法护。竺法护出生于敦煌，祖上为月氏人，八岁出家，佛学天分极高，记忆力惊人，精通六经，涉猎百家之说，还熟悉西域三十六国的语言和文字。在长安、洛阳译经讲法的二十几年中，声名远播，门生徒弟遍布天下，被尊称为“敦煌菩萨”。东晋佛学界评价他余音遗迹都令人仰之弥远，著述了大量的经书，是众生的阶梯。

在竺法护的众多徒弟中，可能明果大师悟性最高，所以才能“闻护开示，顿悟厥旨”，师徒俩展示了佛教历史上最早的“顿悟”图景：长安大兴善寺内梵呗齐鸣，众千弟子正襟危坐，静候开坛讲法。在万众瞩目之中，竺法护大师高坐法台，顿时四下静寂。法师所讲正是刚刚译完的《华严经》，他妙语连珠，口吐莲花。当讲到“如来坐着，一切法空”时，新近入门的四川僧徒明果突然面露笑意，原来他已茅塞顿开，顿悟《华严经》主旨。竺法护欣然：这位弟子可以提前毕业了。

出川时两手空空，归来时行囊满满，他随身携带大量由老师竺法护译出的佛经，峨眉山这第一批佛家经典成为弘扬佛法的至圣法宝。

据清代《峨眉山志》的记载，乾明观是西晋时一个名叫乾明的道士主持修建的，与青城山上的清都观一起被认为是四川境内最早的道观。它们的建立标志着四川境内的道士由各自分散穴居野处向道观住宿布道转化。

明果大师登上峨眉山后，安置佛经，收徒讲法，募捐建寺，还要处理与先一步驻跸山上的道士们的关系。传说道佛转变的关键事件是“除蟒”。

清代文人汪士鋐在《钦定方舆路程考略》中对这个故事进行了阐述。“初，乾明观道士，每岁三月三日效翟武升仙之法，岁以为常。师知是妖孽，请让先升。暗伏猎人，箭射中之，一白蟒也。寻理其处，见冠簪白骨盈窟。羽人悔悟，即改观为中峰寺，迎师事焉。”大意是说，明果大师慧眼识破乾明观的道士每年三月三日升仙，乃是妖蟒化作彩虹所度，便暗伏猎人，以箭射之，白蟒现形，循其踪迹，从洞窟中找到许多道士的冠簪和骨骸。于是道士醒悟了，转信佛教，迎接明果入观住持，改乾明观为中峰寺。

明果大师改观为寺，反映了佛道两家长期以来在教义伦理、地盘划定等方面的冲突。当然，一位饱学佛法的高僧，凭借自己的才华和能力广结善缘、开山建寺是可能的，而搭箭射蟒有点传奇。不过人们乐意用不同版本流传“明果除蟒”的故事，也反映了早期高僧在峨眉山传法时面临的危险、艰辛和挑战。但这绝非“道高一尺，佛高一丈”的胜负，而是宗教在名山体系中的竞争和融合，也形成了峨眉佛教与青城道教为代表的蜀山格局。

今天中峰寺大雄宝殿正中的匾额“云横峨岭”见证了历代的高僧辈出，两侧的对联寓意深长：“修道贵诚中，愿上人念断根尘，相捐空色；登峰宜造极，想佛子仰扪参井，俯瞰华嵩。”在天文星象的对应中，四川属于二十八宿的“参宿”和“井宿”，李白写下了“扪参历井仰胁息，以手抚膺坐长叹”。但是，宋代的地方志《方舆胜览》又抒发了“扪参历井遂登蜀道之天，就日望云不觉长安之远”的浪漫。中峰寺的对联则希望佛门弟子走出艰难的蜀道，仰望星空，精进佛法，弘扬佛法，达到俯瞰西岳华山和中岳嵩山的巅峰。

淡然法师：放下屠刀，立地成佛

峨眉山白云峰下，一座重檐庑殿顶寺庙安然矗立，与大气的金顶、宽阔的万年寺和如凤展翅的报国寺相比，这座寺庙建筑风格古朴天然，青瓦的屋顶、斑驳的廊柱和布满青苔的石阶，一股禅意佛音在四周悄悄弥散。寺如其名，曰“中峰寺”，但山门上“林峰大振”和“中峰古刹”的匾额，又显示出不一样的气度。

相传战国时期，峨眉派创始人司徒玄空，名白衣三，号动灵子，模仿峨眉山白猿的形态创造了白猿剑法（即猿公剑法）与白猿通臂拳，人称“白猿公”。峨眉派武术成型的时代是南宋，代表人物为峨眉山白云禅师和白眉道人。中国三大武术发源地少林、武当、峨眉三足鼎立，在传承过程中，峨眉武术“一树开五花，五花八叶扶”。一树指的是峨眉武术，五花指的是五个地区，即丰都青牛、通江铁佛、开县黄陵、涪陵点易、灌县青城。

中峰寺庙大殿东墙上悬挂着一幅淡然大师像，法相威严，身形稍瘦，但他颧骨宽大，目光如炬，一袭僧袍难遮挡他健硕的体格。法师俗姓林，名时茂，南北朝人，曾是东魏孝静帝时渤海王高欢的部将，由于作战勇猛、战功卓著而获封“镇南将军”，后因与高欢之子高澄产生罅隙，避祸到山西晋城问月庵出家，法名太空，号淡然。中原战局恶化后，来到峨眉山任中峰寺住持。大师行伍出身，刀枪剑戟斧钺钩叉无所不精，被尊称为“峨眉武术创始人”之一。

高欢（496—547）是南北朝东魏权臣、北齐政权的奠基者，一生戎马倥偬，杀伐无数。他最有名的大战是率领十五万大军进攻西魏玉璧，围城六十天，七万将士阵亡。高欢后郁郁而终，他去世两年之后，手握大权、飞扬跋扈的高澄，也被手下兰京刺杀身亡。

淡然终于明白了，本想顶天立地，为国家守边杀敌，却在指点江山中沦于掌间的江湖，他曾公开在皇宫大殿上劝阻梁孝静帝不要崇佛，而自己最后却求助于佛法。年轻气盛时，感觉自己能够改变世界，策马扬鞭，驰骋疆场。人到中年，经历过血流成河，生离死别，才猛醒出佛说的真谛，洞悟人生，放空身心，和过去作彻底告别。

沙场秋点兵，禅寺一盏灯。在峨眉山，屋檐上的清风，台阶上的绿草，书案上的经卷，法师口中的经文，似乎都是生命，又不是生命，地风水火在眼前，又不在眼前，看山色水色，又色色皆空。中峰寺，不仅是修禅学佛的理想境地，也是习武健身的绝佳地，在寺前空地上打几套拳脚套路，舒展筋骨。早年间习武为的是战场杀敌，讲究快准狠，一招制敌。而现在，经历了禅宗佛法的洗礼，一招一式，令人目不暇接，犹如山中清风、行云流水。

一旁的僧众看到这样的拳法，油然敬佩，也愿意和大师一起练习拳脚。中峰寺前有了越来越多的习武僧，山下武术爱好者也随之聚集。淡然大师坐化时，人们在禅床上发现他写的《辞世颂子》：“杀人如麻，立身以砥。宠辱不惊，恬淡是非。酒吸百川，肉吞千豕。醉卧中峰，羲皇自拟。皓月清风，高山流水。长啸狂歌，何分角徵。心证菩提，法舟相舣。生彼莲花，逍遥无已。”

淡然大师，淡然而来，淡然而去。在中峰寺，一首禅诗明志：

“深山皓月映青莲，老衲清风号淡然。放下虚名归梵界，不生杂念断尘缘。功修世外千年棍，道入心中一指禅。难得花开法灯续，回头古刹荡炊烟。”

茂真和尚：战“痘”的高僧

今天的游客到万年寺，都关注万年寺“三绝”——无梁砖殿、普贤铜像和贝叶经。其实，寺内还有一尊汉白玉高僧像，通高2米，面容和蔼，法相慈悲，目视远方，身着袈裟。右手自然下垂，手握佛珠一串，左手微曲向上，手中握一药瓶，这不是药师佛，而是宋代峨眉山著名的茂真和尚。他佛学造诣极高，多次受皇家邀请到国都汴京讲法，不过，让大师流芳千古的不仅有他精湛的佛法，还有他在天花领域的突出贡献。

天花是一种古老的传染病，感染者会出现高烧、寒战、乏力等症状，皮肤会留下明显“痘疮”损害。天花的治愈者可产生终身抗体，不会二次感染。在缺医少药的古代社会，因为极高的死亡率和永久性皮肤瘢痕，天花一旦出现就会引发群体性恐慌。天花第一次出现在中国史籍的时间是汉代，称“痘疮”。晋代药学家葛洪在《肘后备急方》记载过一次天花的暴发，其场景颇为恐怖，群体人传人，病人头、脸及全身出现疮孢，疮面如同被烈火灼烫，并伴有白色脓汁，脓汁流经之处即可又生疮孢，若来不及治疗，则死亡者甚众。

在人类治疗天花的历史中，中国人发明的“吹痘”接种预防的方法尤为有效。而“吹痘”的发明者就是茂真大师。北宋太平兴国年间，峨眉山地区天花流行，由于没有对症的治疗方法，不少感染的孩子先后死亡或致残，正在人们束手无策之际，茂真大师自信满满地下山了。他根据自己以往的医疗经验和医学知识，再加上峨眉山丰富的药材资源，经过观察和实验，用痘痂皮做疫苗，通过竹管吹入患者的鼻孔。

清代医学家朱纯嘏在他的《痘疹定论》中记载了“人痘接种法”的故事：宋仁宗时的丞相王旦，所生的孩子都有过感染天花的痛苦。后来生儿子王素时，他特意召集多位医生，探问药方。这时有一位叫陈清风的四川人说，峨眉山有神医能种痘，可以预防治疗天花。王旦立刻派人重金聘请，不到一月，神医来到汴京。见王素后，医生摸了摸他头说，这孩子可以种痘！第二天便种痘，到第七日孩子发烧，第十二天，孩子出痘并结痂。王旦非常开心并重赏这位医生。《痘疹定论》中所说的“峨眉神医”，就是茂真大师。经过在峨眉山的小试牛刀，茂真在都城汴京也大放光彩，拯救了更多的生命。

中华人民共和国成立后，经峨眉山市文史工作者考证，茂真大师的“人痘接种法”还于明末北传俄国，东传朝鲜、日本，并由海路传播到阿拉伯国家，17世纪后逐步传到欧洲各国。从时间上看，茂真大师的“吹痘”法的确比英国医生琴纳·泽詹纳1796年第一次给人接种牛痘的时间早了近800年。为了纪念茂真大师为人类医学所做出的巨大贡献，2006年，峨眉山佛教协会根据峨眉山市政协提案的建议，在万年寺的巍峨宝殿内为茂真大师树立了花岗石雕像，供人们瞻仰和怀念。

通天大师：千佛归宗一生缘

通天大师原名潘明，陕西同州人，传说他母亲曾梦到太阳从她腹中涌出，因而有孕。她丈夫说：太阳是广明之意，如果生下儿子，一定不同凡响，于是取名“明”。

据明代王在公撰《通天大师塔铭》记载：通天大师在五台山、终南山、鸡足山苦心修行，心无旁骛。云南一位官员的眷属来拜访，通天缄默不语，官员竟然以妖僧之名将他下狱，后来将其释放并请他修建寺庙。通天认为与鸡足山无缘，便谢绝远行。回到陕西后，关中大雪，地冻天寒，竟然冻掉他的一根脚趾。他如同苦行僧一般，宿于窑洞、树下或山崖之下，数十年，劳其筋骨，饿其体肤，苦其心志，终于“悬崖撒手，啸风吟月，无欲无依，得法自在”。为了达到大自在的更高境界，通天决定上峨眉去追寻普贤光明。

明隆庆二年（1568），通天法师入蜀，来到了心所向往的峨眉山。到达金顶后，大师翩翩一袭袈裟，飘飘千山气清，默默礼拜普贤菩萨，虔诚祈祷：“我若与此山有缘，当昼现佛光，夜示圣灯。”

当天，峨眉山佛光斑斓，圣灯璀璨。通天心随云动，决定在峨眉栖止，游遍峨眉诸峰后，最后选择在千佛顶的一处石隙之中住下来。寂坐终日，形单影只，老熊为伴，云雾为邻。数年之后，他在天门石下择地构筑海会寺，以安置前来拜他为师的众僧。

传说通天大师在峨眉山上，十年不吃一粒米，只饮清泉之水，号称“水斋”，但体魄日益健壮。一日，通天大师与诸弟子游雷洞坪岩下，道路崎岖，悬膝而行，弟子都感到害怕。大师说，你若不修行，缓慢、普通和急速的三途之路，你都会恐惧。返回前，他将百衲衣悬挂在岩石上做记号。半月之后，石崩如雷，衣服居然神奇地回到住所，可见法力之神奇。所以，远近英贤前来拜访参叩，络绎不绝。朝廷闻说，赐予紫衣袈裟和龙藏一部，并派张太监送来国库所藏钱币，通天便在海会寺原址上建庄严经阁，以铁为瓦。朝廷敕赐“护国草庵寺”，又名“圆觉寺”。峨眉山的大佛寺、慈圣庵、回龙庵、莲花庵、十方院、太子坪、法慧庵等，都是大师的余荫所致。通天所在之处，常有僧侣千人参请，法道大盛，极于一时，明人周光镐有《访通天国师》诗一首：“一住峰头四十年，茹芝饮水是真缘。客来晨磬诸天净，坐对明灯白日悬。绕户慈云浮贝叶，千山空翠响流泉。远公话到无生处，灭尽空华吐白莲。”

万历十九年（1591），成都大旱，官府派人去接通天大师祈雨。通天还没到成都，成都便雷雨大作，霖雨如泻。通天说：“把我放到雨中，等雨下够了再抬我回去。”通天回到峨眉筑坛说戒的同时，亲自缝制戒衣五百件之多。侍者说：“师父过于劳累了！”通天说：“世尊都亲自穿针引线，我是什么人，怎么敢说劳累？”

万历二十九年（1601），通天大师升堂集众，对众人说：“在这末法的年代里，你们若能奉行其中的两三种，就不愧为我的弟子了。”然后他让人拿笔纸来，提笔写下一偈：“七十六年幻化身，东西南北苦劳生。今朝惹得虚空笑，大地原来不是尘。”写罢，掷笔而逝。终年76岁。

弟子们把他的遗体贮藏在龛内，朝廷又特派送来银钱五百为通天修建坟塔。三年之后开龛视之，见通天肉身不坏，颜容犹如生前。于是弟子们在他身上涂漆保护，不再掩龕门。龛匾额上题四个大字："证涅槃门"，时常光芒四射。通天大师塔上，铭刻着大师与峨眉千秋永贲的佛缘："深山大泽，实产龙蛇，当其未奋，为井底蛙。师之生也，天植其性。师之来也，大法日盛。"

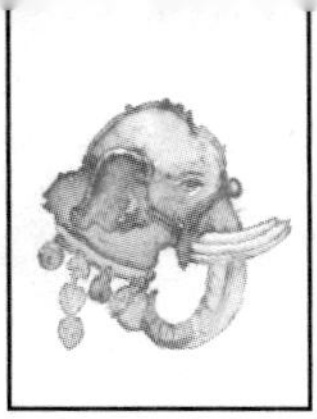

别传和尚：皎洁名如峨眉雪

明代四川著名学者陈以勤，曾任明穆宗讲官，掌翰林院。进太常卿，领国子监，领导重录《永乐大典》，后辞官还乡游峨眉山时，仰慕别传和尚的功德，为他撰写《别传禅师塔铭》：“余幼闻别传禅师，声迹訇然，为蜀人士所归仰，今年秋，游大峨，自白水登绝顶，睹楼殿像设，崇雄绚烂，多师所经营……”

明代别传和尚，原名会宗，湖广德安府（今湖北武汉汉阳区）人，祖辈崇善积义，自小便与常人相貌不同，有见识的人认为他是“龙象之器”。他7岁时投白鹤寺通彻禅师剃度；17岁入蜀，到綦江永寿寺跟从宗实和尚受戒；33岁游峨眉山，睹普贤瑞象，圆明殊胜，因敬生悟，跟随宗宝禅师学究竟法，参透禅宗祖师的西来密旨。

别传在峨眉山顶看见只有一座铁瓦殿，而且荒废多年，登山的香客、游客没有可以栖息的场所，心中恻痛：“此震旦第一奇胜觉场，忍令陨堕乎！”于是在普贤像前庄严发誓，要“担法门为任”。

从此别传就在双飞桥旁搭棚卖饭给游客，自己节衣缩食，铢积寸累，以图集资修庙。正好当时刑部大员徐君谳到这里来，听说此事后大受感动，回去便极力宣传促成，别传才得到足够资金，在金顶上重建寺宇，更新铜瓦殿。前面板殿七座，后面板屋五座，以廊庑连通。同时铸造普贤铜像一尊，铜佛像六十五个，皆供奉在金顶。金顶竣工之后，又花费数千金，在白水寺建伽蓝殿一座，铸铜佛大像三尊，并先后铸铜钟三口。其一置于白水寺，其一置于永寿寺，其一置于老宝楼上。老宝楼上的钟最为巨大，重达两万五千斤。后世有诗咏此巨钟："万金焙铸自何年，长作龙吟散晓烟。留镇三门开觉路，声声震醒世沉眠。"

寺庙楼钟建好之后，66岁的别传又开始在双飞桥至白水寺一带亲手栽植楠木。每栽一棵，他就念诵《法华经》一字，并施一礼拜。直至栽成六万九千七百七十七棵，与《法华经》字数一样。林成之后，长达数里，被称作"古德林"。别传在峨眉山住了四十年，广作功德，以其宏大的愿力，使峨眉蒙福受泽，被喻为"不可思议之功"。后来别传下山北上京师，朝廷感动赐予黄金满斗，载峨眉之功，誉满京师。

传说72岁时，别传到普陀山礼拜观音菩萨。云气之中突然涌出金莲，观音白衣冉冉，示现于莲上，同船的五十多人，只有别传和另一位从成都来的僧人翠峰见到此般圣景。别传因此在普陀镌刻三尊石像，以纪念感谢观音的大恩。

81岁归寂的前三天，别传突然说："我要西归了。"然后沐浴更衣，澄心屏息，诵佛不止。别传生平持戒严谨，遵循禅宗教义，不留文字，此刻诵偈一首："生本无所生，死亦何所有。这具臭皮囊，今朝成腐朽。"言罢瞑目。弟子们痛哭流涕，撞钟致哀。钟声息时，不料别传眼睛又睁开了，继续说道："一声吼破太虚空，烁烁禅光横大有。"然后恬静而逝。

明朝陈以勤大学士赞叹不已："呜呼！当此刹那，前后际断，妙机瞥发，不觅津航，直登觉岸。其视三界空华，如烟消冰释，了无挂碍。"

朝廷得知别传逝世，派人专程送去一只大珰，以盛灵骨返峨眉，葬于白水寺。“峨眉有缺圆，峨雪万古在，师名皎如雪，法同寰月轮。”

祖觉禅师：不忘初心，教在华严

祖觉禅师（1087—1150），别号痴庵，俗姓杨，嘉州（今四川乐山）人。据《五灯会元》记载，他幼年聪慧，读书过目成诵，尊崇儒家教诲，曾经著书排斥佛教。不料患病，赘疮脚疾，于是舍生忏悔求佛，但一直未有明显好转，于是更加虔诚地撰写《华严合论》，写完当晚，梦中感应菩萨加持，醒来后行动自如，便决定把习诵《华严经》作为日常功课，精进修行。一日，读诵至《现相品》：“佛身无有生，而能示出生。法性如虚空，诸佛于中住，无住亦无去，处处皆见佛。”大悟华严宗旨，口若悬河，为大众讲经说法。

之后，祖觉禅师到眉山中岩寺习禅，然后遍访高僧，从荆渚地区（今荆州一带）行脚至江西庐山，在栖贤寺阅读浮山圆鉴禅师《削执论》，再度灵光乍现，大开圆解，作偈呈送圆悟禅师：“出林依旧入蓬蒿，天网恢恢不可逃。谁信业缘无避处，归来不怕语声高。”圆悟阅后说：“祖觉华严禅师已经彻底明白了。”圆悟禅师回到成都住持昭觉寺，祖觉回来为之担任书记，同时，谢绝了接班圆悟禅师的机会，隐居于峨眉山。

在峨眉山隐居期间，祖觉撰写了《佛祖纪传》六百卷，并在将要完稿时，再度出蜀，在长沙弘法利生，法席兴盛；又到浙江，收集《大藏经》所不载的著作，编撰《华严要诀》；继而回蜀住持成都信相寺，不久移住瓦屋山开普寺。两年之后，前邛守史堪见中岩寺颓废不振，请祖觉前来住持，祖觉欣然回来开堂说法，参学者络绎不绝。

宋绍兴二十年（1150）夏天，祖觉显现经微病态，弟子们环拥请求祖觉遗教。祖觉说："我这辈子说错了很多，现在还说什么呢？走吧，走吧，我要休息了。"闭目安然而逝。三天后，他的遗体和生前没有变化，温香柔软，按佛教仪规火化，获得舍利子若干，有的大如蚌珠，五颜六色，不可思议。

祖觉禅师对峨眉山的最大贡献在于，由《华严经》开悟，悟《华严经》至精，传《华严经》得盛，人称"觉华严"和"华严禅师"。他讲《华严经》时，"观公讲说，独步西南"，"词辩横放，若决江河，众所兴叹"。祖觉禅师为峨眉注入了华严精髓，振兴了峨眉佛教。

《华严经》与峨眉山有着深厚渊源，甚至可以说《华严经》造就了峨眉山，峨眉山诠释了《华严经》。

山以经立：《华严经》中的大光明山，就是峨眉山。《华严经》云："西南方有处，名光明山，从昔已来，诸菩萨众，于中止住。现有菩萨，名曰贤胜，与其眷属诸菩萨众三千人俱，常在其中，而演说法。"清代《峨眉山志》序："结《华严》之大义，指归西方。虽尽十方法界，无非所住真境；而此大光明山，实为应化道场。溯其立名之意，盖以佛光昼现，圣灯夜来；亘古今而无或隐灭，尽来际以启牖群生。由是之故，致此峨眉宝山，亦称大光明焉。一以形势立名，一以圣迹取号。"普贤菩萨的道场最终在峨眉山确立。"先说东、南、西、北之四方，次说东北、东南、西南、西北之四维，方位次第，井然不乱。彼见有‘光明山’三字，遂谓此西南方，指震旦国之峨眉，在中国之西南。”

经以山传：峨眉山长期以来，成为《华严经》的名山载体。普贤菩萨“能包纳十方法界。三世诸佛智光明海，皆从此生。十方所有诸安立海悉能示显。含藏一切佛力解脱诸菩萨智”。从东汉蒲公逐鹿见莲花足迹，到问宝掌和尚显普贤光明，初殿之上即为华严禅寺。华严顶的“华严”二字，一种解释是因寺位于万行如华（花），以此华庄严果地，故曰“华严”。二是意指《华严经》，以经名为寺名，为佛经之王的庄严之地。华严顶古为玉皇亭，清雍正七年（1729），通融、慧先二僧相继扩建寺庙。九岭岗上峰顶就是华严顶，仰瞻金顶，下临天梯。“诵华严一部，空空洞洞，方知十丈红尘皆超物外；看峨岭终年，浩浩荡荡，只有半轮秋月常挂人间。”

佛成经典：华严经与峨眉山结合，诠释了世界的结构，从小千世界、中千世界到大千世界。无量数的大千世界组成了“普照十方炽燃宝光明世界种”，无量数的“普照十方炽燃宝光明世界种”又组成了“华藏世界庄严世界海”。在释迦牟尼教化的“娑婆世界”里，普贤与文殊分别侍于法身毗卢遮那佛的左右。文殊以智乘青狮象征修持佛法的勇猛精进，普贤以行乘白象表示佛法之广大，威力无边，与毗卢遮那佛合称为“华严三圣”。著名的敦煌壁画《普贤经变》中有描绘普贤菩萨率领眷属赴华严法会的出行图。普贤菩萨端坐于带有华盖的六牙白象上，一手执莲，一手托盘，场面浩大，色彩缤纷，一派载歌载舞的极乐气象，被铭刻进峨眉的永恒经典。

峨眉山的华严顶、华严塔、华严三圣，是华严宗的代表，《华严经》中说："三世一切诸如来，靡不护念初发心""如菩萨初心，不与后心俱"。在宇宙万法、有为无为的法理中，不念过往，不惧将来，守护初心，指向未来。

峨眉禅机：人生智慧法无边

禅宗历史上最有名的交锋，莫过于五祖弘忍在选定接班人时，两大弟子神秀与慧能的交锋。神秀先出一偈：“身是菩提树，心如明镜台，时时勤拂拭，勿使惹尘埃”，引得众僧喝彩。慧能的偈语“菩提本无树，明镜亦非台，本来无一物，何处惹尘埃”，却令众人沉默。弘忍将衣钵传给慧能，开启了禅宗六祖的新时代。

禅宗的机锋，就是这么奇妙，“机”就是机遇、机缘、机警，“锋”就是锋利，机锋就是运用妙不可言的语言或者动作，让对方开窍、开悟，见性成佛，觉悟成佛。禅机微言大义，蕴含着无边的法力和人生智慧。《译峨籁》《五灯会元》《峨眉山志》等典籍中，记载了峨眉山大德高僧的禅机无限，令人回味无穷。

到峨眉礼拜普贤是僧众心之所愿。

赵州和尚到了峨眉山，却不登顶。僧人问：“何不到极处？”他说：“三界之高，禅定可入，西方之旷，一念而至，唯有普贤，法界无边。”“会当凌绝顶”是杜甫的境界，真正能绝顶的，是赵州的禅意，不登顶但“一念而至”。佛学家赵朴初有禅诗一首：“天下秀，低首让峨眉，极处赵州登不到，我今亦复半山回，此意几人知？”

赵州最有名的禅机，是两位僧人参叩，一位来过，赵州说“吃茶去”，另一位没来过，赵州也只说“吃茶去”。弟子不解：为啥无论来过否，您都说“吃茶去”？赵州说：你也吃茶去。其实，“佛”就是仿佛来过，“僧”就是曾经来过，非有非无，何必执念，这就是禅意，也许，峨眉山禅茶的代言人非赵州莫属。

黄檗希运禅师是唐代宗教改革领袖百丈怀海的弟子，他到峨眉礼佛，雾气澄霁，禅师曰：“云何不见？”僧问：“不见什么？”禅师云：“不见普贤。”

马祖道一禅师的弟子南泉普愿，礼拜峨眉，看见白云光紫，曰：“还有这点霞气在。”僧问：“和尚是哪一点？”泉云：“东则东，北则北。”究竟是哪一点，普眼不见普贤。

在峨眉，还要探寻达摩祖师西来的法愿。

唐代嘉州著名的白水和尚在白水寺传法。僧问：“如何是西来意？”白水和尚曰：“四溟无窟宅，一滴润乾坤。”白水和尚直指人心，苦海无边，佛度无涯，只需一滴润乾坤。

善静禅师的父亲是威州刺史。他本人曾经参军，27岁悟道因缘，在苦心修行时候，听到一位僧人向师父辞别。师问：“四面是山，你能往哪里去？”僧人无言，善静禅师替他回答：“竹密岂妨流水过，山高那阻野云飞。”师父大赞，善静立即到峨眉山礼佛，也许，天下秀的竹林、山川、流水、野云能让他悟道更多。

西川灵龛禅师，驻锡峨眉灵岩寺。僧问：“如何是诸佛出身处？”师曰：“春来草自青。”又问：“碌碌地时如何？”师曰：“试进一步看。”僧曰：“不知前进处。”师曰：“步步踏着。”你问佛出在哪里，禅师说春来草自青，你进一步，步步是春天，心中有明灯，天涯皆芳草。

布水岩和尚居峨眉白岩寺，问师父：“宝剑未磨时如何？”

曰："用不得。"问："磨后如何？"曰："触不得。"又问："达摩西来大意。"师父答曰："一步踏着火光飞。"西来大意，不见水润，不见春草，如宝剑收放，如火光飞溅，佛经上说，禅定到极点，便心光怒放，"净极光通达，寂照含虚空"。

宋代一僧问峨眉山黑水寺承璟禅师："如何是祖师西来意？"禅师云："廓然坦荡周沙界，浊雾潜融佛日辉。"《华阳国志》说峨眉是天府的城郭，其实远不止，度量能容纳恒河沙数的大千世界，一片云雾也佛光吉现。僧人圆寂建无缝塔，僧问："如何是无缝塔？"禅师云："祥生禅苑千峰秀，瑞绕嘉川万叠新。"

黄龙继达禅师驻锡峨眉山光相寺。僧问："何为衲？"继达禅师曰："针去线不回！"僧再问："何为帔？"禅曰："横铺四世界，竖盖一乾坤。"人生犹如穿针引线，世间不必针锋相对，千头万绪烦恼丝，尽在老衲一僧衣，功德百纳袈裟，横竖乾坤世界。

峨眉山的禅机，破除人生执念，执而迷，执而不悟，所以执迷不悟。破我执，罗汉境界；破法执，菩萨境界；破空执，佛的境界。在峨眉天下秀的景色中，"春有百花秋有月，夏有凉风冬有雪；若无闲事挂心头，便是人间好时节"。

良宽诗碑：山川异域，风月同天

公元7世纪时，日本天武天皇的孙子、高市皇子的长子长屋王擅长诗词，笃信佛法，非常向往唐朝发达的文化和佛教，于是制作了1000领袈裟，派人送给唐朝的僧人们，并在袈裟上绣上十六字偈语《绣袈裟衣缘》：“山川异域，风月同天，寄诸佛子，共结来缘。”鉴真大师被此偈打动，由此六次东渡日本，弘扬佛法，成为中日文化交流史上的重要事件。

公元12世纪，出生于四川的圆悟克勤禅师任北宋开封和南宋临安皇家寺庙住持。宋建炎二年（1128）正月，宋高宗赵构驾临扬州，召克勤入行宫讲禅，赐法号“圆悟禅师”，后敕住持禅宗祖庭江西云居山真如寺。宋建炎四年（1130），克勤回到成都，住持昭觉寺。宋绍兴五年（1135）八月五日，圆悟禅师圆寂于昭觉寺，享年73岁。

圆悟克勤是从四川走出的著名禅师，长期与峨眉山僧众交往，并慧眼识宝印禅师，让他担任中峰寺住持。圆悟克勤首创的“茶禅一味”，传入日本演变为日本茶道。所以，峨眉山的禅茶追溯至此，堪称禅茶的重要起源。唐代李善《昭明文选注》中载：“峨山多药草，茶尤好，异于天下，今黑水寺后绝崖种茶，味佳而二年白一年绿，间出有常，不知地气所钟，何以互更。”陆游担任嘉州刺史时，也写下“雪芽近自峨眉得，不减红囊顾渚春”，将峨眉雪芽媲美江南最好的贡茶顾渚春。

13世纪时，汉地禅宗流行于日本。圆悟克勤所著《碧岩录》为禅宗最具代表性的公案评唱集，有“禅门第一书”之称。日本僧人将《碧岩录》奉为圣典，圆悟克勤的第九代传人、日本名僧彻翁义亨（1295—1369）称赞《碧岩录》是“佛祖心肝、苍生命脉”。宋宣和六年（1124），圆悟克勤在汴京天宁万寿禅寺写下一幅给弟子证明传承的印可状，后流转至虎丘绍隆一系的日本弟子手中，他们携带墨宝归国途中船毁人亡，但这幅印可状收藏于桐木筒中，未受损坏，漂流到日本鹿儿岛县海岸，后传到一休禅师手中收藏。一休禅师是圆悟克勤的第十二代传人，也是日本著名动画片《聪明的一休》之原型。他传承的“茶禅一味”经弟子村田珠光传到日本，由千利休发扬光大。

日本人将圆悟克勤的印可状称为“飘来的圆悟”，是日本茶道的至尊之物。这段中日佛缘漂洋过海，成为经典。1825年冬，一起奇迹般的事件再次轰动了日本，一根刻有佛陀头像和“峨眉山下桥”五个字的桥桩，漂到日本越后宫川滨。日本地方志《北越雪谱》中记载：桥桩来自中国四川的峨眉山。实物至今仍珍藏在柏崎市的高柳町。

峨眉山僧众几乎都是临济宗、曹洞宗门人，与日本禅宗渊源颇深。古代日本禅宗有“二十四派”之说，其中，二十派源于临济宗杨岐系的圆悟克勤，一派为临济宗黄龙系，三派为曹洞宗。当这块木头突然出现在日本，正经历过地震、海啸、饥荒、农民起义后的日本人民感到一股来自中国的巨大魅力。日本著名的曹洞宗高僧良宽法师正好路过此地，他仿佛听到盛唐之音再次响起，激动地写下见闻："不知落成何年代，书法遒美且清新。分明峨眉山下桥，流寄日本宫川滨。"

良宽法师（1758—1831），俗姓山本，字曲，号大愚，越后国（新潟县）人，江户时期出身显赫家族，幼时受到良好的汉文化教育，15岁左右就读于汉学名家大森子阳的私塾"三峰馆"，习四书五经及老庄哲学；18岁在光照寺削发为沙门；22岁时，圆通寺国仙和尚来到越后，为其受戒，起法名良宽。良宽法师一生云游四方，佛学造诣精深，在日本几乎家喻户晓。当人们希望为峨眉之木立社供奉时，良宽却坚定地说：我要把此木背回中国，背回峨眉山麓。

67岁高龄的良宽禅师执意要背着一块木桩远渡重洋，旁人不理解，也觉得是一件不可思议、不可能的事。但是，良宽身边的贞心尼却笃定相信着良宽，她担心良宽老迈的身体，四处求情，希望有人能够帮助他们，把这个木桩搬到长崎。

"几回生来几回死，生死悠悠无定主。今遇妙法饱闻知，当知普贤神威助。"遗憾的是，良宽没有等到这一天，他突然放下了这块木桩，在越后国的雪野里，他被贞心尼搀扶在如豆的微光中，遥望着峨眉的光明，溘然而逝。

笃心修行，此心光明的良宽感动了日本，20世纪80年代，日本经济飞速发展，随之现代化进程的焦虑席卷而来，良宽的精神成为人们心中的精神良药，良宽的家乡、道场甚至是破旧的草庵都成为热门的旅游和朝圣景点。

柳田圣山（1922—2006），日本滋贺县人，日中友好汉诗协会会长，专攻中国禅宗史的著名学者；1968年任京都大学人文科学所东方部教授；1985年退休，转任花园大学教授；对敦煌佛教遗书研究颇深，著有《初期禅宗史书的研究——关于中国初期禅宗史料形成的考察》《初期的禅史》《胡适禅学案》等多种有关禅宗史论著。他十分崇拜良宽法师，著有《沙门良宽》《良宽道人遗稿》。仰望着良宽的背影，一种无形的力量，不停地召唤着、催促着柳田圣山："良宽若是我，那么这个'我'，又是谁呢？"他要回到良宽法师精神的起点，到中国去，到峨眉去。

1988年秋，柳田圣山第四次率领着日中友好汉诗交流访问团，不远万里，远涉重洋，来到峨眉山。他手持筇杖，在溪声山色之中寻找良宽那首七绝的诗魂，探寻"峨眉山下桥"的踪迹。徒步清音阁，两旁有两条溪谷，溪谷之上各架一座桥，上书"双声两桥，万古清音"八字。这潺潺的流水之声，莫非这就是"峨眉山下桥"的所在地？再看一看脚下，道路的两侧正盛开着一种洁白山菊，他反复地端详着。这山菊正好与日本京都府贵船溪谷中生长的"贵船菊"同一种属。他惊喜地高叫起来："这真是'天作之合'呀！"于是中日双方协商，决定在此处建造一座"中日诗碑亭"。1990年3月27日，诗碑亭奠基，同年8月25日建成。

中日诗碑亭位于四川峨眉山清音阁的清音桥畔。亭呈五方，仿茅篷建筑，为典型的日式小亭。檐下有横额，柳田圣山书"中日诗碑亭"五字。亭中有一褐色天然石，采自日本诗僧良宽家乡黑姬山，石正面镌刻良宽所书的《题峨眉山下桥桩》。背面镌刻的是中国佛教协会前会长赵朴初的《庚午仲夏题日本良宽禅师碑》，诗文："禅师诗句证桥流，流到宫川古渡头。今日流还一片石，清音长共月轮秋。"

碑亭外，左右两侧各有二碑。左侧，一为柳田圣山所题的《良宽诗碑记》；二为中华诗词学会前副会长林林诗：“运碑不畏逆流难，新潟诗魂落四川，木往石还情意重，峨眉月下吊良宽。”右侧，一为良宽肖像，下部刻《良宽传略》；二为《峨眉山下桥桩东流图》，图下刻《峨眉山下桥桩来由》。

柳田圣山在《良宽诗碑记》中写道：良宽这首诗的优秀之处，在于融合了唐代诗人李白的名篇《峨眉山月歌》，再现了古代日中诗人的友好精神。此诗在新潟县一带至今仍传诵如流。“峨眉山月半轮秋，影入平羌江水流。夜发清溪向三峡，思君不见下渝州。”伴随着李白的思绪，这块“峨眉山下桥”桥桩从岷江漂流过长江和日本海，然后，伴随着峨眉山月，魂兮归来。

中日佛教文化交流的三次标志性事件，一是盛唐长安的鉴真东渡，二是南宋临安圆悟克勤禅茶东传，三是“峨眉山下桥”的禅缘东渐。在一衣带水之间，“山川异域，风月同天”，峨眉升明月，天涯共此时。

峨眉印

各朝帝王与峨眉

白雲峯
白巖
呼應峯
中峯寺
往觀音寺
三望坡

峨眉之巅的标志是金顶，它恰似一方金印，铭刻着历代王朝对峨眉山名山地位的认同。

峨眉是一座景仰之山。“高山仰止，景行行止”，仰望而景行，犹如普贤之“大行大愿”，与“众山之祖”昆仑在伯仲间。连轩辕黄帝都来此问道，历代帝王自然景仰万分。故宫博物院所藏的《乾隆皇帝洗象图》中，乾隆装扮成普贤，观象沐浴，表达了对峨眉道场的敬仰。

峨眉是一座威望之山，帝王一是亲临祭祀，二是隔空望祭。唐太宗在长安“还似成都望，直见峨眉前”；明太祖“不独峨眉幻银色，从教大地变黄金”，都是以“望”平添峨眉之“威”。帝王御赐袈裟、经书、铜像，颁谕旨修庙，更显示了峨眉山的地位。

峨眉是一座纪纲之山，秦始皇重新排序天下名山，视山脉如国脉；康熙为峨眉题字“报国寺”，庄严国土，报主隆恩。峨眉的山川之灵，神水通楚洞庭，洞连苏州虎丘，是纪纲天下的南方龙脉之首。

峨眉是一座护佑之山，《华阳国志》提出，峨眉是护佑天府的城郭，唐玄宗、唐僖宗避难入蜀，“四海此中朝圣主，峨眉山下列仙庭”。每当动荡纷争之际，天府与峨眉总会成为避难所。

从传说中的黄帝到清光绪帝，共有超过23位帝王，与峨眉山有过各种文化关联，一方峨眉印，上为国家祝福，下为百姓祈福，这就是皇家名山的历史意义。

唐太宗：峨眉岫初出，洞庭波渐起

唐代在行政区划和地理格局上以“山川形便”为原则，以山脉和水系界限来划分省区的边界。四川属于剑南道。同时，云南的南诏国自成体系，四川就处于中原王朝和南诏的连接地带，峨眉山在其中意义重大。唐代天文学家一行提出的“山河两戒”，南戒的作用是中原和蛮夷的分界线，而峨眉山被定为南戒之宗。

唐太宗没到过峨眉，但他对峨眉的听闻，或许与玄奘有关。唐慧立本的《大慈恩寺三藏法师传》记载：玄奘16岁就来到成都大慈寺受戒习经，大慈寺是普贤道场。在成都的5年中，玄奘去过峨眉山。敦煌榆林窟3窟的“普贤变”壁画中，描绘了玄奘朝拜普贤的圣图。这幅敦煌的艺术经典，描绘有玄奘、白马、孙悟空的形象，还展示了峨眉山的云海、冷杉、金顶。传说九老洞高僧曾授玄奘大师佛经一册并作佛偈四句：“付汝般若舟，慈悲度一切。普贤行愿深，广利无边众。”

唐太宗有两首诗描写峨眉。一首是《度秋》：“夏律昨留灰，秋箭今移晷。峨嵋岫初出，洞庭波渐起。桂白发幽岩，菊黄开灞涘。运流方可叹，含毫属微理。”将长江上游中游联系起来，峨眉云岫一出，洞庭波浪渐起。另一首是《秋日》：“菊散金风起，荷疏玉露圆。将秋数行雁，离夏几林蝉。云凝愁半岭，霞碎缬高天。还似成都望，直见峨眉前。爽气澄兰沼，秋风动桂林。”在中原遥望，感觉直见峨眉，他一定听闻过并产生对这一西南名山的关注。

唐僖宗：峨眉城郭，普贤护佑

《华阳国志》中说峨眉是天府的城郭。安史之乱、黄巢起义时，唐玄宗和唐僖宗都曾避乱入蜀。

晚唐时期，峨眉山普贤信仰影响广泛，大量高僧云集峨眉，名载山志，如昌福达道和尚、赵州和尚、黄檗老人、灵龛和尚、白水和尚、洞溪和尚、澄照大师、西禅和尚、慧觉禅师、正性和尚、罗汉和尚、水岩和尚、黑水和尚、大乘和尚、东汀和尚、黄龙继达禅师、慧通禅师等。宋代有白水如新禅师、慧直广悟禅师、行明禅师、继业三藏、茂真大师、宗月禅师、密印安尼禅师、慧远禅师、纯白禅师、禅惠大师、别峰禅师、释道宏、峨眉道者等。《高僧传》卷五记录了一则重要信息：华严宗的高僧澄观在唐大历十一年（776）游历了山西五台山，在逐一礼拜山上诸佛之间，屡次与天地祥瑞相遇。于是他又前往峨眉山求拜普贤菩萨。在峨眉山，高僧澄观涉险登高，详细完整地瞻仰了所有佛、菩萨的圣象。

据《金石萃编·张尊师探玄碑》记载，唐开元十四年（726），唐玄宗慕峨眉山道士之名，“命道门诸大德以进……峨眉王仙卿、青城赵仙甫……至东都（今洛阳），有司备礼，冠盖纷然。望者以为神仙之会”。峨眉道长王仙卿参加唐玄宗召集的“神仙大会”，返回峨眉后即扩建宫观，广招门徒。《峨眉山志》记载的在天皇真人向轩辕黄帝授道处附近修筑静室305间，可能就是此时所为。

白居易的《长恨歌》中也记录了玄宗避难入蜀的历史，“峨眉山下少人行，旌旗无光日色薄”，峨眉见证了这一场动乱。

唐僖宗于广明二年（881），避黄巢之乱入蜀，“天府之国”再次成为唐王朝的避难所。唐僖宗参礼峨眉名山时，敕建火毁的金顶寺庙，赐额永明华藏，又赐住持慧通禅师藕丝无缝袈裟一领及玉环、供器若干。惠通又主事重建中峰寺、牛心寺、华严寺、万年寺、灵岩寺、黑水寺等六大寺。慧通禅师认为峨眉山属火，山的形状似火焰，故火灾频繁，于是将六大寺庙改名，中峰、牛心、华严三寺改为集云、卧云和归云，华藏、普贤二寺改为黑水、白水，以“三云二水”抑制火星，功莫大焉。峨眉吉相，国家有幸，慧通禅师被誉为“峨眉禅宗第一祖”。

唐僖宗的峨眉之行，由高僧僧彻和尚与道士杜光庭作为佛道二教的代表，护驾陪同。值得注意的是，峨眉山的地位也在这一时期形成定论。曾经为唐玄宗亲授法箓的著名道士司马承祯，撰有《天宫地府图》，详细记载了为仙真所统治的十大洞天、三十六小洞天以及七十二福地，峨眉位居十大洞天中的第六位。杜光庭的《洞天福地岳渎名山记》继承司马承祯的思想建构了中国名山体系，包括五岳、三十六洞天、七十二福地、五镇海渎等，峨眉山被确定为第七洞天。唐宋之后，峨眉山佛教的影响逐渐超过了道教。

宋太宗：皇人论道之地，楚狂隐逸之乡

宋明理学的开山宗师朱熹曾经谈论中国的地理形势：“北京，天地间好个大风水。山脉从云中发来，前面黄河环绕。泰山耸左为龙，华山耸右为虎，嵩山为前案，淮南诸山为第二重案。江南五岭诸山三重案。故古今建都之地，皆莫过于翼都。”南宋王朝已经迁都临安，但是朱熹却对燕赵之间的格局赞不绝口，其中一个重要的原因是希望收复失地。

自唐代起，峨眉山与五台山已并峙为南北两大名山，宋赞宁撰《宋高僧传》明确指出，“五台、峨眉，礼金色银色二世界菩萨，皆随心应现”。南宋迁都临安后，四大佛教名山的五台山已经不在宋王朝控制的范围，来自蜀地的佛教界不断向朝廷奏报峨眉山出现的“普贤祥瑞”，在“神道设教”“君权神授”的思潮下，宋代历朝统治者发起了对峨眉山的“造神运动”，最终促成了峨眉山普贤道场的确立和峨眉山佛教的空前繁荣。

宋人邵博在其《邵氏见闻录》中记载说：“峨眉山普贤寺风景秀美，其声名不下五台山。但在唐代名气不大……山上的佛像及碑刻几乎没有唐人印刻，所以人们怀疑峨眉山是从本朝才开始兴盛。”

峨眉山的兴盛与宋代皇室有着必然联系。宋代高僧茂真修行于峨眉山白水寺，太平兴国五年（980），他奉诏书入朝入驻景德寺，为皇室讲法，太宗还与他写诗互赠。这期间太宗的宠妃王元珍请茂真法师为其解梦，法师说："你将生下龙种。"果然，不久王元珍怀孕，并生下宋仁宗。茂真法师回到峨眉山后，大力振兴佛教，先后重建六座寺庙。

据南宋僧人志磐著《佛祖统纪》记载：这一年正月，宋太宗命令内侍大臣张仁赞携黄金三千，在成都为峨眉山铸造普贤菩萨像。像高七米三，几乎与普贤殿顶同高，重达六十二吨，为黄铜一次浇铸而成。菩萨所乘六齿白象四足各踏一莲花蹬，白象背负莲台，舒鼻卷尾，步履稳健，似在前行；像背上的普贤菩萨遍体贴金，头顶五佛金冠，身披袈裟，手持如意，花冠上的雕刻雅致细腻，衣服线条贴体流畅。铜像整体比例和谐匀称，菩萨法相安详，令人顿生敬意。

最令人称奇的是，这尊高7.3米的普贤菩萨坐像并不是现代技术的结晶，而是一千多年前北宋太宗时铸造的。关于铜像的铸造细节，李豫川等学者认为，白莲台以上为黄铜，六牙白象为青铜，分块铸成。每块均铸子母扣，施以铆钉，然后再用铜汁焊缝。象脚分段铸造，象腹、莲台、普贤像内中空，以置佛经。象肩内有铜制井字形支撑架，宽约6寸，厚约2尺。为了支撑象鼻，鼻内安有铜条4根，直径1寸。铜像的大部分铸件估计是在峨眉当地铸造，而其精致部分（如普贤菩萨头上的花冠）则在成都铸造。同时，峨眉山高路险，即便从山脚到万年寺也是蹬道，崎岖曲折难行。北宋时既没有索道、起重机，又没有现代平阔的公路，如此大的普贤菩萨像究竟从何路而来呢？又是怎样攀越那些羊肠小道来到海拔千余米的万年寺呢？不得而知。

宋太宗除了赐峨眉山"铸金铜普贤菩萨像"外，太平兴国八年

（983）还“敕太原、成都铸铜钟赐五台、峨眉名山”。雍熙四年（987），又“敕内侍送宝冠、王婴王各袈裟往峨眉山普贤寺”。到了端拱二年（989），再“敕令内侍大臣谢保意招募能工巧匠，赐黄金三百两，到峨眉山为普贤菩萨造像，并再修寺庙，并赐予峨眉山皇室御制文集，令直院徐铉记录”。

除了敕修敕建寺庙，赐予峨眉山的各种佛教用品，四川的人事任命，宋太宗也都唯峨眉山高僧意见是从。据《续资治通鉴长编》卷三十六记载：宋太宗曾选派大臣赵昌言到蜀地担任行政长官，但是峨眉山高僧茂真法师对皇帝说，赵昌言这个人鼻子弯如山根，这是造反的面相，不宜委任他管辖四川。尽管当时赵昌言已经在上任途中数十日，宋太宗硬是派人在凤州（今陕西凤县）追上赵并收回成命，另委任他人前往。作为皇帝，宋太宗对峨眉山如此青睐，可谓前无古人，从这个角度上说，宋太宗当然是峨眉山第一贵人，他在金顶普贤殿所题“天真皇人论道之地，楚狂接舆隐逸之乡”既是对峨眉的赞誉，也是自己明志的体现。

宋孝宗：以佛治心，以儒治世

有宋一代，宋太宗、宋真宗、宋仁宗、宋徽宗、宋孝宗，大力推动了峨眉山的建设和发展。宋仁宗嘉祐七年（1062）御札，颁赐白水寺经藏，经书俱碧硾纸销银书。卷首悉有销金图面，各画一卷之事。经缣织轮相，铃、杵、器物及“天下太平，皇帝万岁”等字于花叶中。又御赐红罗绣袈裟，宝环上精刻：“佛法长兴，法轮常转，国泰民安，风调雨顺，干戈永息，人民安乐，子孙昌炽，一切众生，同登彼岸”。宋徽宗崇宁年间（1102—1106），敕赐白水寺钱幡，及织成红幢多件。

宋孝宗登基后，不仅开创了“乾淳之治”的兴盛局面，而且是有名的尊崇佛教的皇帝，他对峨眉山的禅师们极为尊崇。宋孝宗先后九次召见来自峨眉的慧远，赐号“佛海禅师”，不仅听他讲禅，还愿意与他一起“结夏”静居于寺庙，召见时“必延坐进茶，称师而不名，礼数视诸师有加”，可见对禅师的尊崇。慧远是圆悟克勤法嗣，与大慧宗杲禅师同为临济宗领袖人物，曾在成都大慈寺、峨眉山灵岩寺听经习禅。《续传灯录》卷二十八记录了慧远禅师作诗与孝宗交往的事宜：“盔盂走马向天庭，漫踏天街马不停。回首飞来峰上望，白云包尽帝都春。”

慧远的禅宗智慧，是成就圣贤的通途，宋孝宗常常与慧远谈偈论颂，机锋相对，精彩无比。谈论人生的意义时，孝宗问：“如何免得生死？”禅师曰：“不悟大乘道，终不能免。”孝宗问：“如何得悟？”禅师曰：“本有之性，但以岁月磨之，无不悟者。”佛性是本有的，要不断下功夫，脚踏实地，方可把得定，做得主。禅师修学底子是在峨眉山打下的，他描述年轻时，被风吹到峨眉荆棘林中，被铁锤所击，半醉半醒，后来又被风吹到锦江畔，在峨眉和成都之间苦心修炼，方得开悟，这就是“岁月磨之”。

宋孝宗还十分器重另一位峨眉高僧别峰禅师。淳熙七年（1180）五月，别峰宝印已71岁高龄，宋孝宗敕令问禅。帝问：“三教圣人，本同一理否？”师答：“譬如虚空，东西南北，初无二也。”虚空时空无限，万物同理。儒释道三教是同理的，同时，佛教也吸收了道教、玄学和儒家文化中庸等道理，奠定了禅宗的格局。别峰言简意赅，见闻觉知，皇上大悦。

宋孝宗对禅宗的高度评价，在历代帝王中少见。“惟释氏禅宗，不以文字教人，直指心源，顿令悟入，不乱于死生之际，此为殊胜。”宋孝宗提出的“以佛治心，以道治身，以儒治世”三教合一观点，明显受到了慧远、别峰两大禅师的影响和开悟，还专门为禅师的茅庵榜书“别峰”二字，峨眉千峰，独此别峰。

明太祖：峨眉幻银色，大地变黄金

历史时期的峨眉山，同国家命运一样起起伏伏。明代国家统一，四海升平，峨眉山进入安定繁荣的新时期。明太祖朱元璋曾入皇觉寺为僧，对佛家慈悲度世与忍辱苦行有深刻体会，也倚重佛教超拔与教化的功能，同时推崇儒、释、道并举的政策。《明太祖集·卷十·三教论》中说，人们常说天下真理只有一条，圣人只坚持真理。儒释道并立，虽然持身荣俭的具体要求不同，但关于人心安定和社会发展的道理是一样的。

广济禅师与朱元璋交好，但是不愿奉诏入朝，来到这里隐居，取西晋文学家左思的“何必丝与竹，山水有清音”佳句，打造出集山水诗意与寺庙禅意于一体的中国园林经典。

峨眉山的魅力不仅吸引了广济禅师，也吸引了宝昙禅师。后者驻锡金顶，道化大行。太祖诏禅师进京，封为国师，宝昙辞谢。圆寂后，太祖不仅下圣谕祭奠，还赠诗两首：“断岩知是再身来，今日还修未了因，借问山中何所有，清风明月最相亲。”“山中静曰岁华深，举世何人识此心，不独峨眉幻银色，从教大地变黄金。”

明代第一代蜀王朱椿，追寻着父皇的愿望，一直思考着，究竟是什么样的魅力，让一个可以做国师的高僧，甘愿归隐至此，坐禅静心。不染尘埃的双桥清音，洗涤着多少渴望皈依的心灵。

朱椿的到来，使得清净的山林平添了一份皇家气派。后来朱椿修建的接王亭，双重屋檐，增高取势，歇山顶两侧的飞擔山花，与山水辉映。富有层次的建筑部件，有一个诗意盎然的名字，叫作“收山”，亭亭玉立之间，山色气象万千。接王亭仿佛“入世”和“出世”的分界线。俯瞰山下，一条古道古往今来；回望山后，一座寺庙梵音呢喃。走过斑驳的古石桥，连接着拾级而上的香道，高耸的清音阁展示着佛性的尊严，入口的对联令人遐思：“万物原空何所计，真心本是一如来。”

朱椿在这里终于悟道了，从皇家贵胄到山水清音，了却君王天下事，赢得生前身后名。朱椿为广济禅师咏诗其志：“高僧飞锡去人间，弘愿何年不出山，有地尽成银色界，无心常似白云间。”

朱椿一生，有着谦谦君子之风，好学儒雅的性格及安民守土的作为，得到了太祖朱元璋和明成祖朱棣的肯定，也造就了明代四川的繁荣。

明神宗：西望峨眉，圣寿万年

明万历年间，神宗皇帝的峨眉情缘，大大助推了峨眉山的发展。在明朝276年的历史中，明神宗朱翊钧地位特殊。他是明代在位时间最长的皇帝，也是明代由盛转衰的见证者。在位前十年，他励精图治，奋发图强，将国家建设推向快车道，使国势几于富强，史称“万历中兴”。然而不久他便久处深宫，成为中国历史上有名的佛系皇帝。

原来，朱翊钧从出生就与峨眉有着密切的关联，明穆宗的孝定李皇后年轻时久未生育，曾经派人到峨眉山白水普贤寺（今万年寺）的宋代普贤骑象铜像前进香求嗣，许愿若怀男婴，定为菩萨穿金，重修庙宇。不久，李皇后怀孕了，生下朱翊钧，立为太子。

所以，神宗对峨眉山的垂青与自己母亲慈圣皇太后关系密切。慈圣皇太后祖籍山西翼城，史载她虽然出身卑微，却拥有超乎常人的气度与格局。《明史》载，太后对皇帝的教育非常严格，皇帝小时候如读书不认真，就会被母亲叫来长时间罚跪。正是慈圣皇太后严格的培养，神宗才开创了万历朝的新气象。据历史学家陈寅恪等研究，宫女出身的慈圣皇太后在临朝初期，皇帝朱翊钧仅10岁，后宫险象环生，她面临的压力可想而知。

在这样的背景下，北京佛教僧团主动向太后靠拢，制造出一系列“祥瑞”事件，最著名的莫过于太后所居之内宫，秋日出现“瑞莲”。《明神宗实录》记载，七月庚子日，皇帝命四位辅政大臣题咏慈宁宫所开的九蕊莲花。之后，各地高僧包括峨眉山别传大师等都纷纷入京朝贺。到万历朝后期，慈圣皇太后逐渐被神化为佛教中的“九莲菩萨”。万历七年（1579），慈圣皇太后在北京建造慈寿寺，并重修五台山、峨眉山寺庙。峨眉山高僧妙峰大师频繁入京为太后讲法，峨眉山因此获得了皇家更多的垂青。

在母亲的影响下，明神宗对佛教愈加友善。在对峨眉山的封赐中，以万历四十年（1612）为最，神宗敕赐峨眉山慈延寺藏经。敕书上说：

皇帝敕谕四川峨眉山敕赐慈延寺住持本炯大和尚：朕认为自古帝王都以儒道治天下，而儒道之外，也有佛教，两者如鸟的双翅并行不悖。朕在年幼混沌之时就继承大统，迄今已经四十年了。现在天下和平，臣民乐业，人们仰思天眷，认为这是祖先德行在庇护。我朝建立之初就设置了僧录司，专门掌管天下佛教事务。佛教教人仁慈，崇尚清净，对于国家治理也有功德，佛教宣扬佛法，也能劝人相善，移风易俗。祖宗睿智圣远，制定这一政策意义深远。佛教藏经，旧时刻经就有六百三十七函，我的母亲慈圣宣文明肃贞寿端献恭熹皇太后又续刻了四十一函。朕既然已经恭敬地迎请了佛法，又为佛教发展大开方便之门，为刊印的佛经作序在前，发布敕令护持在后，其目的就是宣扬母慈子孝，流传皇恩。朕也嘉许佛家弟子为了天下天平而做出的努力，深感佛法仍有尚未泽被之地，所以命令有司，印刻大藏经全本共计六百七十八函，施于北京及天线名山的各大寺院。以表达朕的敬天法祖之意，弘仁普济之诚，使海宇共享无为之福……希望峨眉山本寺僧人，认真潜心诵读这些经典，精心珍藏，不得轻慢亵渎，更不能任由其损毁。

他在位期间，“大开经厂，颁赐天下名刹殆尽”。对峨眉山，他更是心向往之。从万历元年（1573）他征召峨眉山高僧别传大师入京并赐予紫衣袈裟开始，到万历四十二年（1614）赐峨眉山永延寺藏经为止。在位的四十多年中，明神宗虽然未涉足峨眉山，但他先后多次接见峨眉高僧，并拨付专款在峨眉山修缮寺庙，三次大规模地赐予峨眉山佛经，对这座远在西南的佛教名山可谓关怀备至。

明神宗万历二十七年（1599），普贤殿大阁毁于火灾。次年，明神宗母亲慈圣皇太后赐金修复。关于此次修复，人们普遍认为是峨眉山高僧僧台泉以印度热那寺为蓝本，邀请妙峰禅师设计建造的。妙峰禅师，俗名福登，山西平阳人，7岁父母双亡，12岁到附近寺庙出家，成年后曾在金陵天界寺修行，南方参禅归来后在山西中条山隐居。《敕建五台山大护国圣光寺妙峰登禅师传》中说他“修筑茅屋独自居住，以不食五谷只饮水的辟谷之法修行三年，终于大有发悟，以五代释延寿法师的《宗镜录》滋养心灵，深得佛法唯心的要旨”。

在中条山三年，妙峰法师不仅参透佛法，对建筑学也无师自通。慈圣皇太后请他设计建造了北京的华严寺。此后二十年间，妙峰法师一面布道，一面修寺。建业林，修桥梁，铺山路，凡是有大工程，别人无法完成的，只要请到妙峰法师很快就可以竣工。竣工之后，大师则飘然而去，上自皇帝宰辅，下到黎民百姓，都无不敬仰崇信，并乐于向他布施。

万历二十八年（1600），正值当朝慈圣皇太后七十寿辰，受慈圣皇太后委托，名满天下的妙峰禅师来到峨眉山，对万年寺进行修复。大师出手不凡，无梁殿一经完成，立刻成为峨眉山一道靓丽的风景。胡世安《登峨山道里纪》说：普贤大殿，以砖石为墙，屋顶斗拱螺结，相当坚固。殿内普贤菩萨金身安坐于大象之上，高达一丈六，火神祝融见此都要收住自己的焰火。袁子让在《游大峨山记》中赞叹："禅寺视山中诸道场为独大，中为正殿，普贤丈六金身在焉，前围廊庑，后绕寝阁，山水虽奇出，实天地一大观也。"寺庙竣工的消息传到北京，神宗皇帝大喜，御题"圣寿万年寺"，并赐御印一枚，御印上刻有"大明万历，敕赐峨山，御题砖殿，普贤愿王之宝"几行大字。

明代峨眉山是南禅的重要阵地，高僧大德辈出，他们发扬普贤菩萨的大行精神，迈开脚步，走出山林，一方面与中原及江南各地禅院广泛开展佛法交流，另一方面也积极步入庙堂之高，扩大峨眉山的影响力。明英宗曾敕赐峨眉山灵岩寺藏经，并下达圣旨：

朕怀有体恤天地保育人民之心，并继承先皇及祖先的旨意，刊印《大藏经》佛典，颁赐天下，以广为流传。在此分拨《大藏经》一部，安置于峨眉山灵岩禅寺，希望其能永远得到供奉，也希望峨眉山所有僧众能看、诵和赞扬经典。上为国家祝福，下为百姓祈福。

这就是峨眉作为皇家之山的意义。

清康熙：庄严国土，报国主恩

清朝皇帝对名山和国家的关联十分重视，定都北京之后做了两件大事，一是确立长白山为祖源之地、龙兴之地；二是将北岳恒山的祭祀迁至山西。

康熙皇帝久闻峨眉山的名声，在京城亲赐物品，包括经书、法宝、御书、匾额、僧诗，同时也派钦差奉圣旨而颁赐到各寺，为峨眉山赋予了皇家圣地的气质。《峨眉山志》对康熙的御赐有着详细的记载。康熙四十一年（1702）壬午季春，在京畅春苑，皇上亲赐《金刚经》《药师经》《心经》各一部，“卧云庵”三大字，给伏虎寺僧照裕。又赐《药师经》一部，“慈灯普照”四大字于光相寺僧普震。是年十一月二十五日，皇上钦差内大臣、海清、五哥、德其内，钦奉圣旨，峨眉山降香。斋奉御书、法宝、匾额、僧诗。

康熙颁赐的不仅是佛法经书，所赐僧诗也堪称经典：“宿世身金粟，初因社白莲。瞻依神八万，接引路三千。果结菩提树，池分阿耨泉。无生能自悟，雨似散花天。”康熙悟道了伏虎寺，菩提树下，花雨满天，阿耨泉旁，众生普度。从金粟如来得圣果成就而来，伏虎寺前联想到庐山《白莲社图》的慧远大师、道士陆修静、隐士陶渊明，本是送客不过溪，但相谈甚欢，不觉走过溪桥，听见老虎的吟啸，会心一笑，留下了“虎溪三笑”的佳话，与峨眉的虎溪三桥有异曲同工之妙。

康熙赐伏虎寺寓僧德果字幅二句：“到处花为雨，行时杖出泉。”赐善觉寺僧元亨《金刚经》一部。赐大峨寺僧常舒《金刚经》一部，字幅二句：“洗钵泉初暖，焚香晓更清。”

康熙还赐降龙院僧元亨“善觉寺”名，并赐玉印一颗，文曰：“普贤愿王法宝”。又条幅一帧，文曰：“名山越遍，未到天涯。愿得真印，勤修离家。雷音虽拜，那见拈花。知此无益，再游中华。八旬老耋，行履不斜。言语忠厚，一字弗遮。观尔朴诚，朕意甚嘉。峨眉嵂崒，直逼云霞。明心见性，静守毋哗。”

在洪椿坪，赐僧圆瑞《金刚经》《药师经》各一部，“忘尘虑”三大字，字幅二句：“锡飞常近鹤，杯渡不惊鸥。”赐白龙洞僧祖元《金刚经》一部，字幅二句：“挂衲云林静，翻经石榻凉。”毗卢殿僧德敬《金刚经》《药师经》各一部，字幅四句：“钓艇去悠悠，烟波春复秋。惟将一点火，何处宿芦洲。”赐雷洞坪僧慧植《金刚经》一部，“灵觉”二大字。赐铜殿藏经阁僧照乾《金刚经》一部，“玉毫光”三大字，字幅二句：“绝顶来还晚，寒窗睡达明。”赐卧云庵僧照玉“野云”二大字，字幅八句：“何所问津梁，行行到上方。天香飘广殿，山气宿空廊。石漱泉声细，林穿鸟路长。疏钟沈夜雨，坐定俗情忘。”

康熙自幼寻找父亲顺治的下落，传说顺治出家后来到峨眉山，所以，康熙一直心有所念。康熙四十二年（1703），康熙皇帝取《释氏要揽》中的四报之一“报国主恩”之意，赐“报国寺”寺名。

今天，报国寺山门“报国寺”大匾，是康熙皇帝御题，王藩手书。山门柱上那副对联“凤凰展翅朝金阙，钟磬频闻落玉阶”是对报国寺“金凤凰”的生动描写。它前临凤凰堡，后靠凤凰坪，左揽凤凰湖，右挽来凤亭，朝迎旭日，晚送落霞，恰似一只展翅欲飞的金凤凰，环抱着入山第一寺。

清光绪：心向峨眉，壮志未酬

清朝光绪十一年（1884），年仅15岁的光绪皇帝提出要到峨眉山祭祀。至今人们仍不清楚当年光绪帝为何有这一要求。但自古以来，皇帝郑重其事地祭祀名山都不是小事，何况要祭祀的是位于中国西南的峨眉山。因为古人认为，群山之中泰山最“高”，为“天下第一山”，人间的帝王应该到泰山祭祀过天地，才算受命于天。而且这种祭祀泰山有一个专有名词“封禅”。具体而言，在泰山上筑土为坛祭天，报天之功称“封”；在泰山下梁父或云云等小山上辟场祭地，报地之功称“禅”。

光绪帝统治时期，是清王朝急剧衰亡的时期，是西方列强加紧宰割中国的时期，也是国内阶级矛盾最为尖锐的时期。就在他登基的那年，英国借马嘉里教案强迫清政府签订《烟台条约》。光绪九年（1883）五月，法军进攻越南河内，挑起中法战争。次年八月，法国海军炮轰福建马尾造船厂，挑起马尾海战。正是在这一年，15岁的光绪帝提出了要去峨眉山，祭祀这座远在西南四川的普贤菩萨应化道场。

为了迎接光绪帝的到来，时任四川总督丁宝桢、四川道台黄绶芙立即展开工作，一方面加快峨眉神庙的建设，一方面组织人员摸清登山的沿途情况，以备皇帝驾临时安排接驾，同时仿照五岳神庙，以行祭祀。

志书记载：山神旧无庙祀。至清光绪十有一年，四川总督丁文诚公宝桢，以峨山为镇，水旱疠疫，祷求辄应，有功德于民。奏请春秋致祭，部议奉旨谕允。其明年，护理总督游，谦访智，开捐建峨神庙于县南城外学堂山，并制祭器。岁遣望公祀，咸于斯庙。门外有泮池故址，井研胡世安，登峨道里纪云：圣宫外，合三流为泮，澄波千顷，鳖乐莲香，亦多雅致，即兹地矣。前瞻古塔，后倚崇山，嘉树丛篁，映带左右。游人至此，远观近瞩，苍翠纷来，飘飘然，不啻置身兜罗云表也。

另一主政四川官员也颇为传奇，他就是四川道台黄沛翘。黄沛翘，字绶芙，湖南宁乡人，近代著名历史地理学家。光绪十一年（1885）秋，他有感于英国人对中国西藏、云南的蚕食与侵略，决定悉心研究中国西南边疆史，经过多年努力，完成八卷巨著《西藏图考》。在得知光绪帝要祭祀峨眉山后，他立刻发挥自己在历史地理方面的专业才华和人脉，推举自己的老乡，湖南籍举人、诗人兼画家谭钟岳前往峨眉山开展实地调研，主要工作就是为皇帝到峨眉山踩点，熟悉沿途详情，做好旅行线路规划和相关导游准备。半年以后，谭钟岳的《峨山图说》问世，成为历史上介绍峨眉山最全面、最详细且图文并茂的珍贵资料。

然而遗憾的是，峨眉山最终没有等到光绪帝的到来，或许他那句“到峨眉山祭祀”是要模仿历史上的千古一帝，来一次改变帝国命运的名山封禅。但时局危难却容不得他有闲暇远赴四川，中法战争、甲午战争接踵而至，戊戌变法功败垂成，他自己也被囚瀛台，遗憾故去。但因他未了的夙愿而留下的《峨山图说》，将永载中国名山史册。

峨眉范

文化名流与峨眉

大雄殿
送子殿
財神殿
水池
伏虎寺
龍神廟
興隆橋
土地廟
瑜珈河

峨眉精气神，文人风雅颂。自然之精，仙山之气，佛教之神，与文人留下的咏记、游记与志记，孕育了不可取代的峨眉范。

峨眉山传承着中国田园诗的源流风范，开山祖师慧持在庐山时，与陶渊明交好，仰慕“峨眉之胜”，决然西行“观瞻峨眉，振赐岷岫”，受陶渊明影响颇深，“少无适俗韵，性本爱丘山。误落尘网中，一去三十年”。南宋范成大从峨眉归后，改变了人生的方式，躬耕隐居，从田园诗的鼻祖到集大成者，峨眉功不可没。

峨眉山塑造了中国山水诗的独特美范。南北朝谢安、谢灵运等，是山水诗的开拓者，王羲之《与谢安书》赞叹峨眉山乃“昆仑伯仲”。李白的峨眉月前无古人，东坡的峨眉月后无来者：“蔼蔼青城云，娟娟峨眉月。随我西北来，照我光不灭。”但愿人长久，千里共峨眉。

峨眉山成就了志记和游记的转折典范。两宋之际是中国地方志转折时期，北宋“靖康之难”，都城南迁，地方志从记载国之大政转向描写山川风物，反映了文人希望收复国土的“以景动人”。范成大的峨眉游记、与徐霞客齐名的王士性的《游峨眉山记》、胡世安的《译峨籁》、蒋超从京城翰林院回归峨眉的《峨眉山志》、谭钟岳的《峨山图说》等，都是中国旅游史上的经典。

“名山可以神会，不可以目穷；可以心契，不可以言传。”观乎人文，化成天下，风华成典，峨眉有范。

李白：此生不负峨眉月

李白这个最有名的浪漫主义诗人，4岁入蜀，25岁离开家乡，仗剑走天涯。在豪放浪漫的壮游生命路径中，峨眉山是李白的人生启蒙地和出发之地。

唐代开元九年（721），白衣翩翩的少年李白，初次登峨眉山，就提出了令人神往的千年之叹：“蜀国多仙山，峨眉邈难匹。”

一个“邈”字，让峨眉传神，邈，遥远也，邈若山河，邈若旷世。第一次登临，便陶醉得恣意尽觅，年轻的诗人看见的是青峰如长剑直插云霄，还有色彩比丹青高手笔触更加动人的片片山林。更不必说那山岩奇秀群峰怪绝，峰回路转沟壑深幽和气象万千光怪陆离的天象景观，纵使再多生几双眼睛，也难以尽觅峨眉山的胜景。难怪他不由得慨叹“周流试登览，绝怪安可悉”。

于是，峨眉的美轮美奂，在诗人笔下行云舒展：“青冥倚天开，彩错疑画出。泠然紫霞赏，果得锦囊术。云间吟琼箫，石上弄宝瑟。平生有微尚，欢笑自此毕。烟容如在颜，尘累忽相失。倘逢骑羊子，携手凌白日。”

可能李白的运气极佳，遇到佛光圣灯，又或者看到了紫霞在林梢流淌，层林被染成金色，松林清风淡淡，山岭清苍悠远，这不就是梦中仙境的模样吗？于是诗人雅兴大发，随意寻一空地，吹箫鼓瑟，仙境仙乐。然而好花不常开，好景不常在，如何将这最美好的瞬间变成永恒？如何让韶华永存不老？希望能遇到骑羊的神仙葛由，仙境画屏，烟霞人生，吟箫弄瑟，凌度日月。

李白踏云山间时，又遇见了佛寺香火，《听蜀僧濬弹琴》："蜀僧抱绿绮，西下峨眉峰。为我一挥手，如听万壑松。客心洗流水，馀响入霜钟。不觉碧山暮，秋云暗几重。"

峨眉山的仙佛之气奠定了少年李白的底气：世界那么大，我要去看看。"五岳寻仙不辞远，一生好入名山游。"开元十二年（724），李白离开四川仗剑远游之时，把孤傲的背影留给了峨眉山月："峨眉山月半轮秋，影入平羌江水流，夜发清溪向三峡，思君不见下渝州。"

自此以后，峨眉山在他的诗歌之中至少出现了11次，成为他反复歌咏的对象。如《上皇西巡南京歌十首》："锦水东流绕锦城，星桥北挂象天星。四海此中朝圣主，峨眉山上列仙庭。"《经乱离后天恩流夜郎忆旧游书怀赠江夏韦太守良宰》："江带峨眉雪，川横三峡流。"《赠僧行融》："梁有汤惠休，常从鲍照游。峨眉史怀一，独映陈公出。"《闻丹丘子于城北营石门幽居中有高凤遗迹仆离群远怀亦有栖遁之志因叙旧以寄之》："仆在雁门关，君为峨眉客。心悬万里外，影滞两乡隔。"……无疑，对于峨眉山而言，李白是放歌这片山水的第一人。

峨眉山，开启李白的名山之游。李白也一生带着峨眉山月，让思念变成一首歌。唐上元二年（761），60岁的李白，历经了安史之乱的颠沛流离，蒙冤囚禁的牢狱之灾，走过了流放夜郎的屈辱之路，在江夏（今湖北东部），恰遇故友僧人晏从峨眉来，前往长安。在他乡，李白以故乡的月亮送别友人。"我在巴东三峡时，西看明月忆峨眉。月出峨眉照沧海，与人万里长相随。黄鹤楼前月华白，此中忽见峨眉客。峨眉山月还送君，风吹西到长安陌。长安大道横九天，峨眉山月照秦川。黄金狮子乘高座，白玉麈尾谈重玄。我似浮云殢吴越，君逢圣主游丹阙。”

李白与峨眉魂牵梦萦，风烛残年，还想与蜀僧晏一起，“一振高名满帝都，归时还弄峨眉月”。在生命的最后时刻，给李白心灵慰藉的还是那一轮月光，一首诗里，多处峨眉山月，可见，诗人心里有多么不舍与不甘，“举头望明月，低头思故乡”，年少不懂《静夜思》，再读已是泪潸然。

都说李白之死是酒醉之后，去水中捞月所致。在异乡的岁月，总想把峨嵋山月抱在怀里，思乡的时候，又小心翼翼地捧出。故乡，回不去了，曾经一身月华的豪放不羁，在最后的日子里，孤身一人，吟唱着悲怆的《临路歌》：“大鹏飞兮振八裔，中天摧兮力不济。馀风激兮万世，游扶桑兮挂石袂。后人得之传此，仲尼亡兮谁为出涕？”

苏东坡：平生称颂峨眉山

苏轼，四川眉山人，唐宋八大家之一，与其父苏洵、其弟苏辙并称“三苏”，史称“一门父子三词客”。眉山旧称眉州，得名与峨眉山有关。唐《元和郡县志》中说：“眉州，禹贡梁州之域，在汉即犍为郡武阳县之南境。梁太清二年，武陵王萧纪开通外徼，于此立青州，取汉青衣县为名也。后魏废帝二年平蜀，改青州为眉州，因峨眉山为名也。”

峨眉山，是眉山城市的绝美天际线。对于生活在眉山的人而言，峨眉山就是家乡，这种心理与苏轼关系密切，因他常在诗词中以峨眉山代指故里，如《送杨孟容》一诗中明确地说“我家峨眉阴，与子同一邦”。在另一首名为《卢山五咏·障日峰》的诗中，他甚至将河南汝城的障日峰改作小峨眉，以解自己的思乡之苦，“长安自不远，蜀客苦思归。莫教名障日，唤作小峨眉”。

在六十五年的人生中，苏轼辗转大半个中国，始终未能实现稳定的安居生活。从时间上来看，家乡眉山应当是他生活最久的地方（20岁离开故乡，为母守孝为父丁忧前后五年，共计二十五年），也是他情感最为深厚的地方。田家乐先生在《苏轼情系峨眉山》一文中说：“每在他政治生涯的关键时刻，峨眉山常在其诗文中出现，寄情抒怀，情系峨眉。”

千百年来，关于苏轼是否登临过峨眉山一直争议不断。认为苏轼登过峨眉山的人言之凿凿，理由也相当充足。一者，从眉山故里到峨眉山的距离不过几十千米，在眉山生活了二十多年的苏轼没有理由错过峨眉山，“东坡名山咫尺，不应绝未登临”；二者，宋代峨眉山禅宗兴盛，山林之中高僧大德辈出，以苏轼对禅宗的迷恋，不上山修身养性拜佛论禅，似乎也说不过去；三者，苏轼留下多篇与峨眉山有关的诗词，这些诗词言真意切，现场感十足，不像是仅凭想象而作；四者，明代袁子让《游大峨山记》、曹学佺《蜀中名胜记》均记载峨眉山龙门洞有苏轼的题字刻石，袁文为“有龙门洞。洞中有龙床，洞前有龙潭，壁间有‘龙门’二字乃宋东坡居士笔也”。曹文为“纯阳殿，殿前俯溪，有石如船，水出灌堰。石上‘龙门’二字，苏子瞻书”。

不过，查阅苏轼全集，人们的确没有发现苏轼登临峨眉山的记录。明代的李良年在《送朱方庵任峨眉序》中就明确指出，不仅苏东坡，连诗圣杜甫也未到过峨眉山：“昔人称蜀山之奇甲天下，而峨眉又为蜀山之最。然唐宋以来，诗人之久于蜀者，莫如子美，蜀人之能者，莫如子瞻，而两公皆不得登峨眉……”

《峨眉山志》对此不置可否，“至东坡，家眉州，去峨眉最近，其至峨眉与否，俱不可知。唯白水寺有题绝句，或少年曾一着游屐耳。观其寄黎眉州云，‘胶西高处望西川，兴在孤云落照边’。在湖州送人河满子词云，‘见说峨眉凄怆，远闻江汉澄清，秋来但觉归梦好，西南自有长城’。公虽离蜀，而垂老留连，殊有生入玉门之感”。

岁月如梭，宋朝距今已逾千年，苏轼是否真的登临过峨眉山其实已经并不重要。重要的是峨眉山一直是作为他的故乡，登与未登，回望故乡，人生处处有峨眉，一直为峨眉山而歌咏。

作为文人，苏轼名满天下，拥趸多到跨越时空连绵不绝。但作为大宋官员，他的仕途却相当坎坷，他20岁进京应试就名动开封城，然而其后却在政治漩涡中屡次被边缘、被贬谪、被排斥。他初仕陕西凤翔，继而远走浙江杭州和山东密州，后因乌台诗案被贬湖北黄州，短暂东山再起前往常州、杭州任职。绍圣四年（1097），62岁时还遭贬谪至海南岛，后遇大赦才回到大陆，最终病逝于常州。他坎坷而豁达的一生中，峨眉山，一直作为精神家园出现在他浪迹天涯的诗词之中，

熙宁五年（1072）冬，时任杭州通判的他来到嘉兴本觉寺，那里有一位四川籍僧人。两位老乡一见如故，彻夜长谈。《秀州报本禅院乡僧文长老方丈》如此记录："万里家山一梦中，吴音渐已变儿童。每逢蜀叟谈终日，便觉峨眉翠扫空。师已忘言真有道，我除搜句百无功。明年采药天台去，更欲题诗满浙东。"

这年苏轼45岁，离家逾二十年。是啊，在万里之遥的杭州任职，久而久之连说话都沾染了吴越方言的味道。一旦听到来自家乡的高僧的声音，立刻就感受到峨眉山的苍翠和空灵。听着熟悉的乡音和佛法的精妙，他一时无言以对，只盼望着天气转暖，去登临附近的天台山，将思乡的诗句写满浙东大地。

第二年春，苏轼又写下《法惠寺横翠阁》，再次怀想峨眉山，诗曰："春来故国归无期，人言悲秋春更悲。已泛平湖思濯锦，更看横翠忆峨眉。雕栏能得几时好，不独凭栏人易老。百年兴废更堪哀，悬知草莽化池台。游人寻我旧游处，但觅吴山横处来。"另一句"峨眉山西雪千里，北望成都如井底"的诗，有苏轼的自注"杭

僧法言作雪山于斋中”，说明其作于杭州。峨眉雪千里的气魄，或许与他此时的怀才不遇仍欲登高的心境有关。

第三年，即熙宁七年（1074），苏轼赴任山东密州，那里生活比杭州艰苦，但他的思念仍是峨眉，为此他作诗《出城送客不及步至溪上二首》：“春来六十日，笑口几回开……东望峨眉小，卢山翠作堆。”

对苏轼而言，峨眉不是抽象的，而是具体而微的。在《送运判朱朝奉入蜀》一诗中，他将思乡之情寄予峨眉山月：“蔼蔼青城云，娟娟峨眉月。随我西北来，照我光不灭。我在尘土中，白云呼我归。我游江湖上，明月湿我衣。”

元祐四年（1089），51岁的他在《送张嘉州》中借用李白的《峨眉山月歌》，将历史和现世、故乡和他乡、本我和他者打通融合，把对峨眉的颂歌唱得更加响亮：“峨眉山月半轮秋，影入平羌江水流，谪仙此语谁解道？请君见月时登楼。”向李白致敬，向故乡问候。

元祐八年（1093），哲宗赵煦临朝，苏轼仍没有等来仕途的转机。十年（1095）三月，他再遭贬谪，这次是更遥远的惠州。在南下途中，他不觉感叹时局的艰难，和个人命运的坎坷，进不能在庙堂之高为朝廷为社稷效力，退不能回到归峨眉落叶归根，便写下了五律《南康望湖亭》，其中“岷峨家万里，投老得归无”最为知名，经久传诵。至绍圣三年（1096），已近61岁的他借贬谪海南的圣命，写出了《次前韵寄子由》：“我少即多难，邅回一生中……峨眉向我笑，锦水为君容。”

“为什么我的眼里满含泪水，因为我爱这块土地爱得太深。”

苏轼最让人称道的作品，没产生在家乡眉山，而是产生在远离家乡的宦游途中。越是在远离故土的他乡，他越是思念峨眉山，这种距离产生的美，反倒让他能从新的角度审视峨眉，描写峨眉山，赞颂峨眉山，并让对峨眉的颂歌贯穿自己的一生。

他在著名的《满庭芳·归去来兮》中写道："归去来兮，吾归何处，万里家在岷峨，百年强半，来日苦无多。"在《寄黎眉州》中写道："胶西高处望西川，应在孤云落照边。瓦屋寒堆春后雪，峨眉翠扫雨余天。治经方笑春秋学，好士今无六一贤。且待渊明赋归去，共将诗酒趁流年。"情归何处，归去来兮。

北宋建中靖国元年（1101）七月二十八日，苏轼逝世，次年闰六月，按照他的遗嘱"他日我死，贫不能归，其葬我于是"，其弟苏辙把他葬在汝州郏城县小峨眉山（今河南省平顶山市郏城县西），因为苏轼生前"尝爱郏山形胜类其乡，遂有终焉之志"。这样的安排也算是魂归故里，魂归峨眉山了。

范成大：登顶峨眉第一人

范成大，字致能，号石湖居士，又号此山居士，平江府（今江苏省苏州市）吴县人，生于宋钦宗靖康元年（1126），卒于宋光宗绍熙四年（1193年），终年68岁。范成大出身仕官世家，曾祖父范泽，赠太子少保；祖父范师尹，赠太子少傅；父亲范雩，宣和六年（1124）进士，曾任左奉议郎、秘书省正字、校书郎、秘书郎，赠少师。所以，范成大“在怀抱已识屏间字，少师力教之”，十二岁遍读经史，十四岁始作诗文。但随着母亲和父亲的早逝，他担负起抚养四个弟妹的重担，直到二十八岁，才考取进士，开始仕途生涯。

与不少传统士大夫一样，范成大集文人、官员、学者多种身份于一体，生性清高，仗义执言。乾道七年（1171），由于劝宋孝宗不要任用外戚张说，得罪了奸佞，被派到边疆外任，宦游于桂林、成都、乐山、眉山、宁波、南京等地。淳熙五年（1178），范成大虽然又被委任为参知政事，但由于与孝宗的政见不合，参政仅两个月，就被御史攻击下台。从此，他把精力转向了地理，将宦游考察的情况记录下来，写成了《吴船录》《骖鸾录》等名著。他“踪迹遍天下，审知四方风俗”，所以，对地理学及旅游学的贡献尤其突出。

范成大在四川制置使任上任职近三年，《吴船录》及其出川纪行诗集《东征小集》《西征小集》等作品中，记述、歌咏过的四川县以上地点多达25个，主要有今天的大竹、邻水、广安、武胜、遂宁、成都、彭州、都江堰、崇州、新津、彭山、眉山、青神、乐山、峨眉山、犍为、宜宾、南溪、江安、泸州、合江等。

对乐山和峨眉山的游览考察，范成大评价尤高："天下山水窟有二，曰嘉州，曰桂林。"评价乐山与桂林齐名，山水甲天下。他撰写的《峨眉山行纪》是第一部峨眉山的游记，极具历史地理、文化和旅游价值。

一是生动"直播"了宋代游客登峨眉山的实况。当时上峨眉山困难不少。山上山下温差大："初衣暑绤，渐高渐寒，到八十四盘，则骤寒。比及山顶，亟挟纩两重，又加毳衲、驼茸之裘，尽衣笥中所藏。系重巾，蹑毡靴，犹凛栗不自持，则炽炭拥炉危坐。"全副武装，重重裹衣缠巾，貂毛厚靴，还要围炉御寒。高山缺氧饭也煮不熟："山顶有泉，煮米不成，饭但碎如砂粒。"

上山途中道路十分艰险："天下登山险峻无此比者。"其《八十四盘》诗云："冥鸿无伴鹤孤飞，回首尘笼一笑嬉。八十四盘新拄杖，万三千乘旧牙旗。石梯碧滑云生后，木叶红斑雪霁时。说与同行莫惆怅，人间捷径转嵚巇。"下山更难："始登山时，虽跻攀艰难，有绳曳其前，犹险而不危。下山时，虽复以绳缒舆，后梯斗下，舆夫难着脚，既险且危。"范成大身为地方大员，上山下山动用众多士兵、民夫也如此艰难。他还使用了不少特殊的交通工具，如梯轿、大扶舁、胡孙梯等。其《大扶舁》诗云："身如鱼跃上长竿，路似镜中相对看。珍重山丁扶我过，人间踽踽独行难。"但是，无限风光在险峰，游览过后回味无穷："大峨峰顶天下绝观，蜀人固自罕游，而龙门又胜绝于山间，游峨眉者，亦罕能到。非好奇喜事、忘劳苦而不惮疾病者，不能至焉。”范成大以极大的热情和浓厚的兴趣，留下了生动的峨眉记忆。

二是高度“点赞”了峨眉山的文化高度，如入口的“天下大峨山”，万年寺的铜像和“国泰民安”，峨眉的“银色世界”，山顶的观山气魄。尤其是对金顶佛光的描写：“云端宝象庄严，光环层层不断，其中间墨像迭出，自己身影也在佛光中，实在令人称奇。”范成大还以广阔的视野，梳理了佛教经典从印度传播而来的文化脉络，以衬托峨眉的权威高度。“峨眉山秀甲天下”出自明朝人周洪谟之口，范成大的“大峨峰顶，天下绝观”则更早奠定了峨眉天下秀的基础。

三是诗文描述的峨眉景色之美。宋朝人楼钥云：“石湖先生大峨数篇，尤为奇伟。”以地理名词为题，一景一诗，串联起来即见全貌。看到苏稽镇、峨眉县符文镇的生活，范成大赞扬其民风与勤劳，《峨眉县》诗云：“穷乡未省识旌旄，鸡犬欢呼巷陌骚。村媪聚观行绩布，野翁迎拜踞然蒿。泉清土沃稻芒蚤，县古林深槐欈高。珍重里儒来献颂，盛言千载此丘遭。”《初入大峨》云：“烟霞沉痼不须医，此去真同汗漫期。曾款上清临大面，仍从太白问峨眉。山中缘法如今熟，世上功名自古痴。剩作画图归挂壁，他年犹欲卧游之。”该诗表达了对峨眉的向往，也随先贤墨客来感受峨眉真谛。《中峰寺》点明诗心：“真人与尊者，幽居接松竹。呼之傥肯应，留我试餐玉。”在清音阁，《双溪》写出了山水轻盈：“冷风骚骚木叶低，洞渊阻深生怪奇。碧琳双涧黑无底，中有玉龙相对飞。雷轰雪卷入林樾，化为一龙潭底没。摩尼斗罢四山空，时有宝光岩下发。”

一路美景，忘却登山艰难，《华严寺》中的佛教经典点化众生：“众峰攒壁立，中有路一线。攀援白云梯，食顷已天半。我本紫芝曲，误落青刍栈。向来脱新羁，恍已还旧观。花烟辞少城，暑雪对大面。来从太白西，更走三峨偏。风生两腋轻，泉吼四山眩。今晨第一程，莫叹舆仆倦。”

来到峨眉绝顶《光相寺》前，诗人感叹“峰顶四时如大冬，芳花芳草春自融。苔痕新曦六月雪，木势旧偃千年风。云物为人布世界，日轮同我行虚空。浮生元自有超脱，地上可怜悲攘蓬”。看到佛光的神奇，感悟普贤的光明：“我与化人中共住，镜光觌面交相呈。前山忽涌大圆相，日围月晕浮青冥。林泉草木尽含裹，是为普贤大光明。”

四是峨眉山改变了范成大的人生态度。年幼时他身体羸弱，入蜀后极少涉及老病，仅有异地漂泊的乡愁之感。游峨眉之后，佛理禅语也频入诗中。在峨眉孙思邈修炼的地方，他期盼食饵，羡慕隐居和道家修行，甚至产生了卧游隐居情怀。在请佛阁看到雪峰连绵，更是缘起性空：“垒块苍然是九州，大千起灭更悠悠。雪光正照天西角，日影长浮雨上头。峰顶何曾知六月，尘间想已别三秋。佛毫似欲留人住，横野金桥晚未收。”

从此，范成大的生活充满禅意和田园，但思禅板与蒲团，心如坠絮沾泥懒，“人生元是华胥客，休向迷涂更著鞭”，“我本三生同行愿，随缘一念犹相应”，“相将饱吃滹沱饭，来听林间快活啼”。晚年的范成大，峨眉归去，意境随迁，成为田园诗的集大成者。

杨慎与“嘉定四谏”：峨眉风云起京城

自古四川多才子。明弘治十八年（1505），乐山人安磐中进士。三年后，正德三年（1508），乐山人徐文华和程启充中进士。又过十三年，正德十六年（1521），乐山人彭汝实中进士。在学而优则仕的年代，这四个乐山人通过科举考试，进京成为国之栋梁、朝廷重臣。但是，又因为同一件事情，四个人同时被贬谪。四位同乡看似遭遇了人生的“滑铁卢”，但却以乐山的风骨，留取丹心照汗青。当他们被免职回到家乡，乐山人民万人空巷迎接他们。他们被誉为“嘉定四谏”，这是一座城市的荣光。

这一件影响中国历史的事件，就是明朝的“大礼议”之争。1521年，明武宗朱厚照暴亡。由于明武宗无子，内阁首辅杨廷和采用变通办法，选取武宗堂弟朱厚熜继统，是为明世宗。但是，新皇帝即位后，面临一个棘手的问题，按照儒家礼议，明世宗应该以明孝宗皇子的身份继承皇位，通俗地说，此时明世宗的父亲就不能再称为父亲了，而应称为叔父。但少年明世宗坚决不从，绝不因为当了皇帝就丢了爹娘。于是，一场长达数年的“大礼议”便开始了，这是明代历史长河中的政治撕裂，也是新旧势力的综合较量。

正德六年（1511），新都人杨慎状元及第，虽然是内阁首辅杨廷和的儿子，但杨慎的确是靠自身的才华获取的功名。在“大礼议”事件中，杨慎和“嘉定四谏”坚决捍卫儒家正统的荣誉。嘉靖三年（1524），明世宗诏谕礼部，为父母上册文、祭告天地、宗庙、社稷，群臣哗然。杨慎率群臣抗议，“国家养士一百五十年，坚守节操大义而死，就在今日”。大臣们在左顺门前跪请世宗改变旨意，哭声震天。结果，明世宗下令将反对的大臣们施以廷杖，当场打死十六人，其余的解职、停俸、流放。

“嘉定四谏”坚持家国大义。安磐为官期间，对朝廷违反礼数、不合法规之事，敢于逆龙鳞，据理力争，“大义私恩，自有轻重”。面对朝廷的重压，许多大臣劝告，“大臣事君，当将顺其美”，但徐文华据理力谏，拒不让步，坚决不随波逐流，“遇事敢言，有直声，屡上疏直谏”。四位铮铮铁骨的乐山谏臣为后世所敬仰。

杨慎被流放云南，与“嘉定四谏”成为患难之交、生死之交，五次途经嘉定州，常常相约登上峨眉，于歌咏山川之中抒发家国情怀。嘉靖十七年（1538），安磐陪同杨慎等三人游峨眉山，循宋人范成大登山路线直上金顶。杨慎、安磐互勉唱和，传为峨眉佳话，作有同名诗三首：《归云阁》《峰顶》《歌凤台》。

《归云阁》一诗，杨慎写道：“云从石上起，泉从石下落。多少游山人，长啸倚山阁。”安磐写：“山腰飞鸟回，树杪泉声落。寻幽醉不归，更上归云阁。”一个长啸倚山阁，一个更上归云阁，前后相继，惺惺相惜。

《峰顶》一诗，杨慎写道：“青霭红尘此地分，飞崖绝壁迴人群。穆王马迹何曾有，望帝鹃声绝不闻。春夏未消千古雪，阴晴常见一溪云。支筇石上宁辞倦，采药名山喜共君。”安磐写道：“二仪未分剖，一气鸿蒙中。洪涛相簸荡，奠此鳌极雄。雅意事幽讨，两度乘天风。三更倚虚阁，坐见扶桑东。自云从东来，石气生长虹。紫芝在何许，挥手骑羊公。”两人不仅写出了峨眉峰顶的气势，还道出了中国名山的典故和传奇。杨慎从金顶联想到西周穆天子西游寻访昆仑，张骞出使西域乘坐浮槎上银河取回支矶石，安放在成都支矶石路，还写出了杜鹃啼血的古蜀文明和峨眉邛杖的登山之舟。安磐从山海鸿蒙之始，峨眉为天地之极，写到仙人吕洞宾的紫芝、葛由的仙羊、日出东方扶桑的太阳轮回。

只有经历过人生的惊涛骇浪，才能感受天之涯、地之极的无穷。在峨眉山顶，归云歌凤，俯瞰岷江，是对杨慎《临江仙》的另一种诠释：“滚滚长江东逝水，浪花淘尽英雄。是非成败转头空。青山依旧在，几度夕阳红。白发渔樵江渚上，惯看秋月春风。一壶浊酒喜相逢。古今多少事，都付笑谈中。”

王士性：比肩徐霞客的峨眉游记

长期以来，人们都以《徐霞客游记》为古代游记的“天花板”。徐霞客的确是中国旅游史和地理史上里程碑式的人物，近代首先发现出徐霞客价值的是地质学家丁文江。作为第一批海归的科学家，在西南地质考察中，他与徐霞客的路线产生了交集，于是，他整理出《徐霞客游记》，评价“徐霞客是千古奇人，游记乃千古奇书”，“先生之游，非徒游也，欲穷江河之渊源，山脉之经络也。此种‘求知’之精神，乃近百年来欧美人之特色，而不谓先生已得之于二百八十年前”。在中西科学交流史上，丁文江以徐霞客树立起文化自信的标杆。

但是，不要忽略的是，任何一位伟大人物的诞生都绝非偶然，而是一定有着相应的历史背景。明代的游记兴盛，《四库全书》中收录的明代游记多达上千卷。其中，王士性就是一位领军人物，连徐霞客都尊称他为“王十岳”。五岳归来不看山，十岳归来藐天下。

王士性，字恒叔，号太初，又号玄白道人，浙江临海人，生于1546年，比徐霞客大41岁。徐霞客在临海考察时，与王士性的儿子王立毂相识，传为佳话。王士性是万历五年（1577）进士，第二年授确山知县，历任礼科给事中、广西参议、河南提学、山东参政、右佥都御史、南京鸿胪寺正卿。二十一年“宦辙所至”，他利用在各地任职的机会，遍游五岳及各地名山大川，除福建外，两京十二省均留下了他的足迹。时人评价他“端亮而有雅度，矜尚名节”，因为他掌管明朝的朝会、宾客、吉凶、仪礼等事务，年轻时还建过“降魔塔”，修葺过“太白堂”，在堂边放置了王羲之和李白的塑像，自称“桃源主人”。可见，他对李白的仙道和魏晋风度情有独钟，对旅游也有更深入的认识。

关于王士性对旅游的狂热，康熙《临海县志王士性传》中称其一生“无时不游，无地不游，无官不游”。万历十六年（1588），王士性负责典试四川，然后升为四川参议，但他居然没有赴任，而是直奔峨眉山游览，可见峨眉山的魅力，让他宁愿不要官职，也要感受天下秀色。

王士性的旅游历程，强调“不必矫情，不必逆性，不必昧心，不必抑志”，写作时“求其树以效实用，一洗千古文士之羞”。他在《四川乡试录序》中说，文章要言之有物，言之有境，言行一致。他特别推崇四川的两大才子，“古今所名能辞赋士，非蜀二子乎。子虚、大人之作，靡丽竞于人所不能加矣，法言、太玄，识者亦以为绝伦”。他认为司马相如写的《子虚赋》《大人赋》，文采华丽无人能超越，扬雄的《法言》《太玄》，精彩绝伦。

王士性第一次总结了旅游的三大境界：“夫太上天游，其次神游，又次人游。”天游是最高境界，神游其次，第三是人游。他所作《游峨眉山记》堪称中国游记的经典，完美体现了三个层次的“游”与“记”。

云上金顶，是天游的境界。

王士性登上金顶，雪山、佛光、蜀山构成了“形神俱化”的意境。“望西山尽霁，独一山衣白，巑岏仅咫尺间。”别人告诉他

“正西域大雪山也，此浩劫积雪不消”，用佛教的“浩劫”一词，表示很长的时间，天地从形成至毁灭为一大劫。所以，他感叹“初阳起射雪色更莹莹照人，如沁肝胆，即世称琼楼玉宇不足状之，又一奇观也”。当佛光出现的时候，“云如平地，大圜相光起于平云之上，如白虹悬挂山足。中现作宝镜空湛状，红、紫、绿五色晕其周，见己身像，俨然一水墨影……彼百余人者亦各自见其影，摇手动指，自相呼应。僧曰：此摄身光……复现复灭，此又奇中又奇也”。站在金顶，遥看周围群山，“山后岷山万重，僧一一指之，近瓦屋，远晒经，侧为青城、玉垒，又飘缈中指火焰、葱岭”，仿佛“若士汗漫于九垓，是天游也”，游在不可知的九天之外，金顶自然是“天游”的最高境界。

峨眉悟道，是神游的境界。

峨眉之秀，是禅意和文人笔下的秀色。王士性开篇便提出：“宝掌三藏千岁来自天竺，指其地为震旦第一山。”他与朋友坐在金顶的台上，想起了王羲之称峨眉山与昆仑山在伯仲之间，杜甫的诗篇誉满巴蜀，但是没有认识到乐山峨眉的名山福地。他期待着晚上峨眉圣灯的出现，回到寺庙中，看到从印度传过来的佛像，普贤和观音还留有胡须，逐步在中国发生变化，成为中国化的佛像。王士性在《游峨眉山记》中的这一系列思考，相当于“轩辕隐于华胥，是神游也”。黄帝夜里睡觉，梦见自己游历到了华胥氏之国，舟车不至，精神游历到达。峨眉的形体现在山、水、寺庙等具象之中，但是，王士性却感受到了“震旦第一山”“昆仑伯仲”、杜甫诗词未到的意境以及中国化的普贤之相，奠定了峨眉的神与魂，这就是他倡导的神游，通过“神举形留”，奠定了峨眉山的地位。

峨眉之旅，是人游的境界。

王士性定义的人游即“神为形役”，要学习“尚子长赦断婚嫁，谢幼舆置身于丘壑”，尚子长是东汉隐士旅行家向子平。谢幼舆是东晋谢鲲，好老庄，善奏琴，寄迹山林，神性超脱。王士性对山水、气候、洞穴、日月景观的描绘，对人文建筑、民俗风情等的体验，既科学严谨，又引人入胜。在空间游览中，在乐山就感受到峨眉的召唤，“过苏稽，乱流而渡”，“登凌云，挹九山环峙”，“看岷江，滚滚有声”，“遥望三峨，隐隐在云雾间，若招余者”。过伏虎寺爬解脱坡，“高山大岩，深林巨洞，度溪桥而听，风声蓬蓬然，水声泠泠然，意恋之”。在清音阁，“置蒲团石上，结趺跏坐之，听流水砯湇呜咽，神骨俱寒，即不能忘餐堪忘世，此峨山山水最佳处也”。雷洞坪“岩石卧路，尽青碧，腻理玲珑如琢，与楂老树相盘错，虬龙虎豹两欲斗巧”。王士性的人游，将身心托付给自然，如竹林七贤般人景合一。

王士性“萃天地之大文章”，游历天下名山的代表性作品是《五岳游草》《广游志》《广志绎》等，最大的特色是对游历中自然人文的归纳演绎。“吾视天地间一切造化之变，人情物理，悲欢顺逆之遭，无不于游寄焉。”他有些骄傲地在《广志绎·自序》中说自己的作品“非无类，非无非类，无深言，无非深言”。

王士性游峨眉山，演绎出峨眉的山岳结构与文理。峨眉山，“蜀山无出其右者”，“蜀地又高于天下地几许，则峨眉与海内山絜高量短可知已”。峨眉山是可以与全国之山试比高的。他还分析了峨眉山不同海拔的云雾、植物、光照的差异。最后确立了普贤和道教胜峰的高度。从峨眉到四川，王士性的总结十分到位：“层峦叠嶂，环以四周，沃野千里，蹲其中服，岷江为经，众水纬之，咸从三峡一线而出，亦自然一省会也。”

北京大学的侯仁之先生推崇徐霞客，复旦大学的谭其骧先生推崇王士性。笔者受侯先生影响，精读了《徐霞客游记》，也为徐霞客未到过四川而遗憾，但是读了王士性的《游峨眉山记》，便弥补了这一遗憾。若说徐霞客代表着古代游记的“天花板”，那王士性就是游记中的引路人，“当其意得，形骸可忘”。他“得意忘形”的境界，体现在峨眉山的“天游”“神游”和“人游”，堪称经典且后无来者。

胡世安：天籁之音《译峨籁》

有关峨眉山的志书，流传至今最早的当数明末清初胡世安编著的《译峨籁》。它原本藏于国家图书馆，1986年由峨眉县志办骆坤琪、郑必辉二位先生手抄回，后由乐山市市中区编史修志办公室铅印，从此得以为大众亲睹。

胡世安（1593—1663），字处静，号秀岩，又号菊潭，四川井研人，明崇祯元年（1628）进士，顺治初年入清，官至一品。胡世安博学多识，诗文俱佳，有《秀岩集》《异鱼图赞笺》等三十余部著作存世。但清人对他并不重视。《清史》将其列入《贰臣传》，也许，《译峨籁》是他寄情于山水的心灵归属。

胡世安一生喜好游览名山大川。他曾于明末三次（分别是1619、1624、1639年）游览峨眉山，深深地为峨眉山秀美的风光吸引，写下了大量的诗文，并且对前人所著有关峨眉山的志书进行详细考证，搜辑唐宋以来诸人之诗之纪，加上自己所作诗文，汇编成册，题曰“译峨籁”。

为何取名《译峨籁》，永寿法师认为，“籁”指箫，管状乐器，泛指声音。《庄子·齐物论》有“人籁”，指人吹箫管的声响，喻人的言论。地籁，指风吹窍孔所发出的声响，如司空曙（720—790）《送张炼师还峨眉山》诗“松籁万声和管磬，丹光五色杂虹霓”。凡树木鸟兽所发之声皆地籁。天籁，指自然界的风声、雨声、雪声等。推而广之，所有声音皆可称籁，如“万籁俱寂”。凡记述与峨眉山有关之著作也可称“峨籁”。“译”指用另一种语言表达，使之理解。胡世安在《自序》中说“又博采兹山艺文及余旧近稿未入前录者，复汇为是帙，集众解以譲峨”，是为“译”。在峨眉的文献中，胡世安汇众家所长，自成一家之言。

《译峨籁》分为“星野纪”“形胜纪”“典籍纪”“图绘纪”“玄览纪”“宗境纪”“方物纪”“道里纪”“文翰纪”“诗歌纪”，内容丰富翔实。对于旅游者而言，“道里纪”是十分难得的旅游指南，详细记述了胡世安在明末游览峨眉山的见闻。随登山路径的延伸，胡世安逐一记述了沿途所见的大小寺庙八十余座，又围绕一座座寺庙，将相关的自然风光、历史掌故、文物古迹、民间传说等有详有略依次道来。对于重要的胜景奇观，或具体记述，或形象描绘，或叙议结合，尤其是对佛光幻境，还能探究其源，给人留下身临其境的深刻印象。它所涉及的内容，比王士性、袁子让、曹学佺等人的游记更为详细、具体、全面、系统，是一幅不可多得的明末峨眉山画卷，后来成为清康熙年间蒋超编著《峨眉山志》的蓝本。

《译峨籁》的价值不仅仅在于胡世安对峨眉山的深情用笔，而且还在于他的“朋友圈”为书所作之序。为本书作序的都是当时的名臣和著名文人，堪称点评峨眉山的豪华天团，让峨眉山的名山地位达到了非凡的高度。

兵部右侍郎、太傅大学士金之俊将《译峨籁》与庄子的“三籁”境界结合，“不独其所可见、所可闻，并其不闻之翏翏，而欲闻之，不见调调刁刁”。庄子借喻的人籁是竹箫之声，地籁是窍穴发出的声音，天籁是与自然和谐超越自我的声音。“三峨之于先生（指胡世安），九嶷之于元公，名山也，文人也，相得益彰，千古一辙也。”

翰林院编修陈名夏向往蜀地峨眉，“先生所为诗，各载日月，皆备而书之，又为分画里道，部署名胜，有岌者，犅者，突者，崒者，虎豹蹲而伏者，蛇玃噉而饮者，曰是山之钻云缀日也。有童童者，有谡谡者，有龙门百尺豫章千寻者，曰是山之真材寿木也。有翼然堂纪者，有蔼然衡茅者，有凭虚而凌倒景，凿坯坯而流仙鼎者，曰是山之樊桐悬圃也。有颓唐而绀发青瞳者，有乘鹿而飞弹遨游者，有岩居谷饮而寿至数百岁不死者，曰是山之神明隩郁也”，赞誉“先生有相如、严遵、扬雄之文章，能使予不能至者，如见其人，如见其地。读先生书，其又为今日之班氏乎”。

弘文院大学士兼太子太保陈之遴认为“西蜀诸山，独峨眉为奇”。历数古代王朝的山岳胜景之意义，“昔有司马相如作为赋颂及封禅书，夸大汉业。其后扬子云氏所著述，尤粹然德言，惜无道我眉者。今千有馀年，菊谭先生（胡世安）以蜀产起而志之，其文迩而指远。后之君子，因是以求乎圣人之德，所以格百神及河岳者，以弼乃圣，辟面荐诸昊天。峨其能终荒遐诡异，而不与通都大邑诸岳协共乃职否也，若夫登与勿登，奚有哉”。

秘书院学士陈具庆称“道里纪”“逶迤曲折，缀缉多方，由趾以跻其巅，由跬步以达之百数十里。高卑远迩，不紊其程；分合险夷，各殊其状。如珠联玉贯，璀璨骇人：如狐腋雉头，浑成无迹”。就是欧阳修、韩愈这样的文豪来写峨眉山，可能也比胡世安逊色，《译峨籁》描述的峨眉之灵，“气夺华岳也”，即可以盖过西岳华山。

两位礼部尚书对胡世安及峨眉山评价尤高。王铎赞叹了峨眉山的权威地位，“峨之掘西南也，为中国分界”，珍奇异宝甚多，以前不被人熟悉。胡世安考察峨眉，“参天两地”，人之德可与天地相比，其文章可与柳宗元的名胜记争奇，“足以再腔一峨眉，以争奇于十岳也”。胡统虞赞叹胡世安《译峨籁》的成就是明代以前的“空前者”。“遂能使人诵其诗，如登孤峰之巅；读其文，如遇神工鬼斧之幻也。诗之妙者，无过于诗中有画，画之佳者，亦莫过于画中有诗。然以之写一丘一壑则然，至于吮毫而纪千蜂万叠之幽；匠心而志摩汉干霄之概。使远如对西域之雪峰，高之若对普贤之光相。珍禽异兽，补《山海》之所遗，瀑布飞泉，续《水经》之未备。披纪而见唐宋以来文人之胸次；歌诗而悉此山以内过客之风流。则未有如我秀岩夫子（胡世安之号）之续《译峨籁》。”

蒋超：
走出《聊斋志异》，写下《峨眉山志》

《聊斋志异》中有一篇名曰《蒋太史》的故事，写的是清顺治时探花蒋超的轶闻。蒋超记得自己前世是四川峨眉山的和尚。他曾数次梦到自己到前世居住的庵前池塘中洗脚。他生平笃信佛经，一心归宗于天台佛教这一派。蒋太史虽然年轻时就供职于翰林院，但心中常存有出世的念头。晚年，蒋太史告病假还乡，但走到江苏高邮时，就不想回家了。儿子苦苦地挽留，他也不听，转道到了四川，先是居住在成都的金沙寺。住了一段时间，又到了峨眉山的伏虎寺。后患病而终。他自己写了一偈："翛然猿鹤自相亲，老衲无端堕孽尘。妄向镬汤来避热，那从大海去翻身。功名傀儡场中物，妻子骷髅队里人。只有君亲无报答，生生常自祝能仁。"意思是自己本是超脱尘世而与猿鹤为亲的老僧，无缘无故地堕于世俗的尘网中。妄想到滚沸的油锅中去逃避炎热，哪里能使自己从尘世的苦海中去求得超脱？尘世中所追求的功名富贵，就像那被世人戏耍的木偶一样。娇妻爱子，也只不过是一堆枯骨中的人罢了。只是君王、父母恩未报，只有生生世世求佛祖保佑他们。

《聊斋志异》里的《蒋太史》看似是荒诞不经的故事，事实上，蒋超不但确有其人，也确有其事。蒋超在顺治年间，以一甲第三名点"探花"及第，本可以仕途顺达，但他对仕途很淡泊，在翰林院二十多年，却酷嗜佛学，性好山水，足迹遍五岳，行踪涉九华，不畏风雨，不避蛇虎，反觉这样心境舒适，视野开阔，在壮年即以病告退。于康熙十一年（1572）春选择了峨眉伏虎寺落发染衣，戒名“智通”。

蒋超弃官入禅，由儒投佛，当时的官吏、文人士子不理解，尤其在翰林院引起了强烈反响，不仅家人不知缘故，连他的座师，内阁大学士宋权也始料未及，而众多的门生亦不知其所以然。蒋超46岁才弃官出家为僧，但其实这念头酝酿己久。蒋超的诞生就是“祖母梦峨眉山老僧而生”，祖母之梦与本人梦想一致，所以蒋超自记事起就沉迷禅理，不食荤酒。曾经有两道人坐其门，说蒋超有师在峨眉，已200岁有余，恐将坐化，希望他继承师之志，脱离尘世。

是脱俗离尘还是考取功名，让青年蒋超产生选择困惑。年仅14岁的蒋超夺得童子试之冠，想低调都难，所以还是以科举正途入仕，步入了清朝的中央营垒。然而，历史背景也选择了蒋超，明清动荡的社会环境，明季遗民入清后的矛盾，同时，顺治皇帝对佛教的尊崇，对高僧优礼甚隆，常礼接高僧进宫说法，这些都让蒋超坚定了出世的决心。

蒋超对峨眉山文学与佛教文化的贡献很大，他是集书法家、诗人、文学家、教育家于一身的僧人，酷嗜书法如命，“见人屏壁间一字可喜，必钩勒藏之”。文学上他著述较多，主要有《蒋说》《峨眉山志》《绥庵诗稿》《论史百篇》《儒家辩统辑稿》《华阳山人传》，还参编了《四川总志》《峨眉县志》。

清初井研人武英殿大学士胡世安撰《译峨籁》，其书较略，多有失缺。蒋超寓伏虎寺，潜心考察，增益为志。全书规模宏大，体例完备。该书凡十八卷，分为卷一“星野”、卷二“形胜”、卷三“寺观”、卷四“高僧”、卷五“神仙”、卷六“方物”、卷七“典籍”、卷八“古迹”、卷九“一十七艺文”、卷十八“志余”，总计136 084字，囊括了东晋至清初的七十二座庵、三十八座寺、十五座堂、十五座楼、十三座亭、十二座阁，学术价值很高，是宝贵的峨眉山人文史料。

蒋超的禅诗令人推尊，“荒园一种瓢儿菜，独占秦淮旧日春”，脱离世俗，一种瓢儿菜，胜过秦淮游荡之乐和金粉之场。闹市中的文殊院“紫玉屏风敞佛筵，诸峰如笏上青天。偶来山寺空无主，惊起白猿松际眠”，大隐隐于市，抬头却见峰。以名山大川为行乐，以古今胜迹为吟哦，以明心见性为指归。

明太祖将佛教分为三宗：讲僧、禅僧、教僧，蒋超兼有之，从儒家到佛家，实现了“立功、立德、立言”三不朽，影响了许多人的思想。康熙十一年（1672），四川乡试考官工部主事郑日奎前往伏虎寺拜望蒋超时，内心极为感动，也想弃官入禅，并赋诗二首：“自怜事名场，苦未谢羁束。宦情本疏淡，世故奈牵促。”“愧我平生无道气，晓钟痴坐利名关。”可见蒋超的才华和人格魅力，不料天妒英才，康熙十二年（1673）春，蒋超得重疾前往成都治病，后返峨眉伏虎寺疗治无效，死于寺中，年仅49岁。

谭钟岳与费尔朴：《峨山图说》的国际对话

中国古代的地方志，以图志为特色，但是由于技术和保存问题，传世的图志并不多。清代谭钟岳在光绪十二年（1886）奉敕至嘉州绘峨眉山图志。

1885年，四川总督丁宝桢奏准对峨眉山“春秋致祭”，并得到朝廷谕允。这是数千年来，峨眉山第一次获得官方祭祀，兹事体大。为此，道台黄绶芙提议先重修《峨眉山志》，并令湖南籍举人兼画家诗人谭钟岳去考察准备。谭钟岳后来在自己的《绘图纪胜杂诗三十六首并序》中回忆，丙戌年夏天，四川省府接到朝廷谕旨，要求将峨眉山的翔实地图呈上。他带好纸笔前往勘察，一路栉风沐雨，登高探幽，用了半年的时间才完成这本图录。至1887年，这本拥有64幅画、46首诗，丈量120座寺庙的《峨山图说》得以付梓。

谭钟岳不仅专业素养一流，诗词歌赋功底扎实，而且对地理天象知识也了然于胸。更为重要的是他为人务实，做事一丝不苟。在峨眉山辛苦调研勘查了大半年之后，谭钟岳不仅对山上主要的庙宇和名胜了如指掌，而且发挥自己的绘画天赋，完成了数量不少的峨眉山考察笔记，最终形成了历史上介绍峨眉山最全面、最详细且图文并茂的珍贵资料。

《峨山图说》构建了峨眉山的自然和人文景观体系，“余攀跻越半载，索险探幽，身历神会。尤见瓦屋、青城、天竺、雪岭、玉垒、岷江，若砺若带，数万里奔来眼底者。窃欣此山形胜，甲天下耳。遂竭耳目心思，摹其图，而并为之记”。其分类描述结构清晰如下：

峨眉山者，西蜀之雄镇，高百馀里，相传为普贤菩萨道场。梵林如栉，最著者为伏虎、善觉、报国、万年、灵岩、天门、仙峰诸寺。其他如大坪、洪椿、长老、太子、雷洞诸坪。清音阁、华严顶、洗象池、沉香塔，铜、铁、锡、金、祖诸殿，莫不称大观焉。

其间峰峦层叠，若玉女、若宝掌、若鸑鷟、若狮驼、若笋、若莲、若炉、若钵，备极峥嵘。

石有亮光、太子、大峨、天门、鱼儿、莲华、圣钟、法船、飞剑、象鼻、牛心、仙人、罗汉、太湖等名。

形似物者，不可指数。桥有双飞、仙女、七天、凉风、无怀、铁索、木栈、石梁。

凡横流断壑，皆藉以通。水有黑白双溪，龙门倒峡，瀑布飞崖，诸喷泉。

险有鹁鸽钻天、猴子坡、蛇倒退、长寿坡、放光坡、寿星坡、罗汉坡，陡曲而滑。

洞有九老、三仙、雄黄、鬼谷、伏羲、女娲、左慈、龙门、猪肝、烂柯、紫芝、桂花、三魈，及无名号者凡千百。

草木有桫椤树、浮图松、菩萨藤、木芙蓉、木凉伞，及一切奇花异草，多莫能名。

禽有二迦陵异鸟，飞翔上下，佛光现时，始鸣曰：“佛现了！”

兽有人熊、虎、狼，质颇小者，其鸣“陀佛”，人以“比邱”字之。虫有蛙，鸣声如琴。有大蟒，围可三尺，长十丈许，鳞甲晶莹，称之曰“龙居士”。有蜥蜴，方首五爪，藏水石间，目为龙子。

气候，则阴晴不定，变幻万千。即如雪有千年积，雷有扫殿期。雷洞坪，有人声，烈风、暴雨、冰雹即至者，良可怪也。

其中古迹，若轩辕访道处、涪翁习静处、蒲氏老人村、东坡摩崖字、右军河南碑，皆不足奇。

所异者，金顶祖殿悬岩绝壁处，朝夕云海雾气，忽聚忽散；每至未刻，兜罗绵云，布满岩下，现圆光一团，边分五色，七层间晕，为佛光如镜。睹者自见其形，虽并立之人，绝不能见，为摄身光。远者为水盆光。有气如虹，横亘数里。两端紫云捧之为金桥，奇观哉！夜有灯光磷磷，飞满崖壑，为万盏神灯朝普贤，此更不可思议，真福境也。

一百多年前，美国人用清政府的庚子赔款在中国修建了一系列教会大学，如北京的清华大学、杭州的之江大学、天津的南开大学等。这些大学的创建标志着中国近代高等教育的开始。在这样的背景下，20世纪的三四十年代，成都东南的华西坝聚集了一众颇具影响力的美国人，如创建华西协合大学的毕启（Joseph Beech）、博物学家戴谦（Daniel Sheets Dye），最早参与发掘广汉三星堆遗址的考古学家葛维汉（Graham）等，当然还有文学家和登山家费尔朴。

费尔朴原名Dryden Linsley Phelps，于1899年出生于美国中部的科罗拉多州。他家境优渥，父亲费长乐是美国著名的登山家，他的叔父威廉·里昂·菲尔普斯（William Lyon Phelps）是哈佛大学英语文学系的名誉教授，也是研究布朗宁的著名学者。良好的家庭环境培养了费尔朴豁达开放的个性，他身材魁梧，酷爱登山和文学写作。1921年，受南美浸信会的委派，22岁的费尔朴来到成都，担任华西协合大学文学院教授，开设西方文学课程，主要向学生介绍美国近代作家阿尔弗雷德、丁尼生勋爵的小说和罗伯特·布朗宁的诗歌。

受父亲的影响，费尔朴对高山有着独特的情愫。年少时期，他就时常出入家乡的落基山，在父亲及好友的陪伴下，他先后攀登过缅因州的克塔山、加利福尼亚州的秃顶老山和灰背山等。来到中国四川之后，神奇壮美的蜀山更是让他着迷不已，在任教的第一个暑假，他就加入了学校的华西边疆研究会，专题研究中国西南横断山脉的民族与文化。他曾到过乐山、峨眉山，攀登过贡嘎山，还深入甘孜州康定、德格等地，进行了社会学和人类学的相关考察。

1932年暑假，他第一次来到峨眉山避暑，山上此起彼伏的寺庙、神秘幽深的仙洞、清音阁上的双桥、金顶上的日出云海、舍身崖旁的佛光奇观……顷刻之间就迷住了费尔朴，他震撼于大自然的鬼斧神工，同时被峨眉山佛教文化的博大精深所吸引。离开峨眉山回到成都之后，他深深怀念这座名山，他在日记中写道："没有多久，我又对峨眉山神往不已……于是便和朋友或香客结伴，再攀登峨眉的高峰，深入禅林寺院，逐个拜谒各大神殿。冬天的峨眉山白雪皑皑；夏天的峨眉山芳草青青；早上的峨眉山旭日初升，金光灿烂；夜里的峨眉山皓月当空，银色荡漾，让我痴迷不已。"

与一般的登山者不同，费尔朴不只是迷醉于山水的秀美，在他看来，"四川是人间乐园，只要是热爱山水的人，都不能错过它。四川西部地势高峻，犹如壁立，峨眉山拔地而起，好像巨人的眉毛，它那雄浑庄严的气势是其他山无可比拟的"。强烈的好奇心让他不断思考峨眉山“于中国宗教经验中果占若何重要地位”。为了更好更深入地理解峨眉山，他广泛收集资料并进行了深入研究。事实上，早在1887年，美国人魏吉尔哈特就来到了峨眉，在《西川旅行记》一书中，他第一次用英文描述了峨眉风光。不过这些描述相当简单，根本无法满足费尔朴的要求。就在这时，有人给他送来一本清朝光绪年间黄绶芙、谭钟岳合撰的《峨山图说》。费尔朴如获至宝，书中精美的峨眉山风景画配图、优美的诗歌和翔实的历史地理介绍让他爱不释手，越看越喜欢，最终他萌生了将其翻译成英文、向西方人介绍峨眉山的想法。直到今天，这本由费尔朴翻译的峨眉山著作仍得到很多专业人士的青睐，如2006年美国纽约州立大学出版社出版了詹姆斯·哈格特的《天国的阶梯——通向峨眉之巅的旅行》。这本书对费尔朴翻译的《峨山图说》做出了极高的评价，并记录了费尔朴翻译前后的感受：“每次登山前，我都要再看一眼《峨山图说》，书中那些空灵而芬芳的文字和色彩纷呈的描述令人心旷神怡。书中写山峰、石窟、泉水和岩石等惟妙惟肖，写金顶的佛光，山上的积雪，还有林间的圣灯也栩栩如生，至于沿途的峭壁、流水的深涧、安静的修禅地和恢弘的讲法堂也都与实际一致。最精妙的是，对于峨眉山的历史和传说，或者高僧大德的故事，《峨山图说》总能用寥寥数语就说得清清楚楚，令人叹为观止”。

除了溢美，费尔朴也毫不客气地指出《峨山图说》存在的问题：“当然，《峨山图说》也有明显的瑕疵，那就是很多传说故事经不起推敲，与事实不符，甚至书的前后都有矛盾，……我认为，峨眉山的名气之所以次于嵩山和华山，就是因为山上和尚讲的故事过于奇幻，加上那些喜欢舞文弄墨人不负责任的加工，自然降低了它的可信度。显然，他们不知道这座山的真实魅力在于它的真和少，就像艺术品，如果数量很多就贬值了。”大概只有这种客观的精神，才是对峨眉山真切的热爱。

据乐山民间艺术研究院院长徐杉女士的研究，为了高质量地完成翻译，在授课之余，费尔朴一面修习汉语，一面阅读各地方志，尤其是峨眉山相关的《嘉定志》《眉州志》和《峨眉县志》。峨眉山是佛教名山，《峨山图说》里自然充斥了大量佛教用语，不少还是直接用梵文的音译，即便是中国人也未必能完全准确明白其中的意思。为此，费尔朴一到假期就去峨眉山进行田野调查，实地了解书中的风物的位置与特征，掌握了大量的第一手资料。他的努力得到人们的认可和帮助，时任峨眉山接引殿住持的圣钦和尚称赞说：“美国人费尔朴在四川侨居期间，写信到南台寺提到，说自己想了解认识峨眉山的真面目。后来，他真的不分寒暑，一有空就来登山，从不觉得辛苦。当他得到《峨山图说》这本书时，便将其视作佳作奇珍。返回成都后，他还聘请多位专家阅读校对，将书翻译为英文出版，以方便西方人士阅读和了解。”

经过三年半的努力，他终于在1935年完成了《峨山图说》的翻译，改名为《峨山图志》。一年之后，该书作为哈佛燕京学社的丛书之一公开出版发行。这是当时第一本以英文介绍峨眉山的专著，书的扉页上这样写道：“我对名山的热爱源自幼年，这是受我父亲的影响，特此将此书献于我的父亲费长乐。”峨眉山从此在世界上多了一种声音——来自美国的声音。

现在，欧美世界出版的大量峨眉山著作，都不得不提到费尔朴翻译的《峨山图志》和费尔朴翻译《峨山图说》的初心与宏愿：“可使余深体中国人之精神，更进，则其将为此精神之天才与真理发扬于西方之一助欤。”可以看出，他是将峨眉山当作代表中国人精神品格的象征来研究的，而且还深信，中华文化所保存的真理将有助于西方，具有中西方跨文化交流的重要意义。

名山与名校：川大、西交的峨眉因缘

中国教育的历程，多与名山相伴。春秋时期孔子开门授徒，“登堂入室”者多成贤达；汉开太学，高级人才培养为政府专属；隋唐开科取士，一时间庠序遍地。唐初僧院、道观之邻零星地开始出现书院，书院与名山的结缘正式开始。一片山清水秀之处，饱读诗书，以修身、齐家、治国、平天下为己任的有识之士，在私学和书院之中，让名山大川之间读书声朗朗而起，蔚为大观。

“人间四月芳菲尽，山寺桃花始盛开”，唐代光石山书院建在湖南攸县麒麟山中，在朱阳观与惠光寺旁边，左耳晨钟暮鼓、经语呢喃，右耳“风声，雨声，读书声，声声入耳”。宋代书院迎来发展的高潮，无市井之喧，有泉石之胜的幽静山林成为书院选址的前提。正如严耕望所说：“士子读书大抵以名山为中心，北方以中条、嵩山为盛，南方以庐山为最盛。”

白鹿洞书院在江西庐山五老峰下，岳麓书院在湖南善化西岳麓山下，嵩阳书院在河南登峰太室山下，茅山书院在江苏句容三茅山后。理学大师朱熹在武夷山隐屏山下创立武夷精舍，讲学著书。朱熹耐心答疑，诲人不倦。每当课程结束，他就穿行在武夷山的泉水青石之间，好多天才回家。明代心学创始人王阳明在吉安青原山创立阳明书院，身处山林，讲授“良知之学”。王阳明认为学不可离群索居，不可一曝十寒，不可独学无友，最好的方式是聚会讲习，师友取长补短，从而诱掖奖劝、砥砺切磋，使道德仁义之习日亲日进，世利纷华之染日远日疏。书院是名山最独特的人文风景，随着中国近现代大学的诞生，峨眉山迎来了文化的赓续与复兴。

1939年年初，日军开始接连轰炸重庆、成都，为了确保全校师生的安全，时任四川大学校长的程天放决定将学校迁入成都以西的山林，以避战火。在最关键的时刻，峨眉山为四川大学广开寺庙大门，迎接来自成都的客人们。从1939年4月开始，四川大学的师生陆续抵达峨眉山。由于时间仓促，来不及新建校舍，川大人就以峨眉山麓的各大寺院为教学场所，校本部及文学院、法学院设在伏虎寺，理学院设在保宁寺及万行庄，新生院设在鞠漕将军府，教职员工的宿舍则安排在报国寺。除了人员，大量的图书和教学仪器也要运抵峨眉山。1939年9月21日，四川大学在峨眉山正式开课。由于地处大后方，加之及时迁至峨眉山办学，四川大学得以在相对安定的环境中长足发展，成为“后方唯一有充实设备而未受战争损害的大学”，并被当时教育部赞誉为“全国独善的最高学府”和“西南培养人才的总枢纽”，在国难期间为延续中华民族文化命脉做出了贡献。

在峨眉山期间，川大人积极服务当地社会，开展贴地学术研究。生物系师生深入峨眉山、峨边等地采集生物标本达2000余种。1941年年初，四川大学还在峨眉成立研究所，开展中国文字学、化学方面的研究，还招收培养了文、理学科4名研究生。生物系主任方文培的主持，重修了《峨眉山志·生物志》。1940年第九届大学毕业生论文竞赛中，四川大学合格者达30名，居全国第二。四川大学在报国寺附近创办了报国小学，推动了峨眉山当地的教育事业发展。为了增进和寺僧的友好往来，川大师生160余人在峨眉山武僧指导下，练习峨眉派武功，强身健体。1943年3月18日，四川大学正式回迁成都，为峨眉山留下一段难得的“书院”历史，也为秀美的峨眉山增添了几分人文底蕴。

古代书院的选址多在山林僻静处，是为了“避锋镝”，即避免战乱影响。抗战时期故宫文物西迁，川大入山，峨眉山成为文化的避难所。中华人民共和国成立后，峨眉山迎来了另一所著名学府——西南交通大学。

西南交通大学的校史馆中有学校在峨眉山下创建的记录：

1964年10月17日，高教部、铁道部正式决定将我校迁往峨眉，建校的设计任务仍遵照1963年3月18日国务院批准的设计任务书规定的规模（本科3 600人，研究生400人，投资总额为2400万元）。

1965年5月21日，铁道部通知我校：为迅速完成建校任务，迁校前，在四川峨眉设立“铁道学院建校筹备处”，负责迁建的一切事宜。

1965年7月1日，峨眉建校工程破土动工。建校工程首先是“三通一平”，即通水、通路、通电和平整场地。这项工程是由我院的师生员工来承担完成的。

峨眉虽然山清水秀，风景宜人，但在这里建立一座现代化的工业大学，在当时的情况下还是困难重重。数百名师生来到工地，没有住的地方，只能住在报国寺庙宇中。人多住不下，就在黄湾大炼钢铁时遗留的废墟上、旁倚黄湾小学、背靠龙门堰，搭起了十多座几十米长的席棚。很多师生就住在席棚里，每天早出晚归，开始了他们艰苦的建校劳动。这种创业的艰难是今天生活和学习在峨眉校区的学生难以想象的。

峨眉潮湿多雨，经常是连阴雨下个不停。有时雨下得大了，雨水就会冲进席棚，甚至把床下的鞋子冲走。劳动是师生们每天的重要任务。他们早晨扛着铁锹、镐头出发，平山头、挖地基、修公路。他们是开始建校时的主要力量。用辛勤的汗水，披荆斩棘，打开了峨眉建校史的第一页。

1989年，西南交通大学重心转移成都，西南交通大学峨眉分校正式挂牌成立。在峨眉的二十五年，是与时代同呼吸共命运的二十五年，是迎接科学春天的转折年，是改革开放的学术奋进年。“西南交大迁移至成都，成都、峨眉一校两地，相互配合，相互支持，比翼齐飞，相得益彰，共同创造西南交通大学新的辉煌。学校总体虽然离开了峨眉，但峨眉仍然是西南交大生命的一部分，西南交大的历史，它的光荣与辉煌，也会在这里得到继续和发展。”

西南交通大学还与峨眉山世界遗产有着特殊的缘分，笔者在北京大学城市与环境学院历史地理中心读研究生期间，该中心的创立者侯仁之院士向我们讲述了中国申报世界遗产的过程。

1984年，侯仁之先生先生应邀到美国康奈尔大学讲学，第一次获知联合国教科文组织《保护世界文化和自然遗产公约》的有关情况。他当即表示，中国这么多丰富的自然与文化遗产，应该尽快加入这一公约并走向世界，于是立即起草了关于参加《世界遗产公约》的提案，发给当时中国常驻联合国教科文组织代表团代表张维，然后同生态学家阳含熙、城市规划专家郑孝燮、古建筑专家罗哲文在1985年全国政协六届三次会议上联名提交了《关于我国应尽早参加世界文化和自然遗产保护公约，以利于我国重大文化自然遗产的保存和保护，加强我国在国际文化合作事业中的地位的提案》。该提案顺利获得通过并引起广泛重视。

1985年12月，中国正式成为《世界遗产公约》的缔约国，由此踏上了世界遗产申报与保护之路。侯仁之先生被誉为“中国世界遗产之父”，另外两位关键的推动人张维和郑孝燮，正是西南交通大学的老校友。张维院士担任过联合国教科文组织执行局委员和清华大学副校长。郑孝燮是著名规划学家，曾任中国城市规划学会原理事长，在《建筑学报》专门写有《峨眉山风景区规划风格问题的探讨》。他们开启了中国世界遗产的篇章，也让峨眉山走向世界遗产的舞台。

1996年，峨眉山-乐山大佛以其深厚的历史文化底蕴、雄秀神奇的人文与自然景观、丰富的动植物资源，作为文化与自然遗产，被联合国教科文组织列入《世界遗产名录》。峨眉山以不可替代性的文化价值，传承着缘聚往复的光荣与梦想，“人事有代谢，往来成古今。江山留胜迹，我辈复登临”。

主要参考文献

[1]范成大. 峨眉山行记. 影印文渊阁《四库全书·全蜀艺文志》本.

[2]王士性. 王太初先生五岳游草. 清康熙三十年冯甦重刻本.

[3]曹学佺. 游峨眉山记. 明万历十七年刻《补续全蜀艺文志》本.

[4]胡世安. 译峨籁. 峨眉山佛教协会编印，2018.

[5]文曙，张弘映. 峨眉县志. 清乾隆五年刻本.

[6]蒋超. 峨眉山志. 清康熙五十二年增补本.

[7]王燮纂. 峨眉县志. 清嘉庆十八年峨眉县署刻本.

[8]朱荣邦. 峨眉县续志. 清宣统三年刻本.

[9]谭钟岳，黄绶芙. 峨山图说. 清光绪十七年成都蒋会文堂刻本.

[10]方文培. 峨眉植物图志. 民国31年（1942）国立四川大学编印.

[11]黄汲清. 峨眉山玄武岩. 民国《地质专报甲种》1932（10）.

[12]谭锡畴，李春昱. 《四川峨眉山地质》，民国《地质杂汇报》1933（20）.

[13]张肖梅. 峨眉山. 台北：新文丰出版社，1979.

[14]何志愚. 佛教圣地峨眉山. 香港：香港天马图书有限公司，2001.

[15]程东，薛东. 峨眉山. 北京：北京燕山出版社，1993.

[16]顾刃. 峨眉山游记选注. 成都：四川人民出版社，1986.

[17]汤明嘉. 圣地峨眉：文化与自然. 成都：四川人民出版社，2007.

[18]张承业. 峨眉山的传说. 北京：中国民间文艺出版社，1983.

[19]峨眉县文化馆．峨眉山民间故事．成都：四川人民出版社，1981．
[20]四川省地矿局．峨眉山地质景观考察指南．成都：成都科技大学出版社，1996．
[21]李朝正．学政蒋超弃官为僧及其对佛教文化的影响．宗教学研究，1996（3）．
[22]《峨眉山志》编纂委员会．峨眉山志．成都：四川科学技术出版社，1997．
[23]刘长东．宋太祖受禅的佛教谶言与宋初政教关系的重建．四川大学学报（哲学社会科学版），2002（6）．
[24]永寿．峨眉山与巴蜀佛教．北京：宗教文化出版社，2004．
[25]马燕屏．人类种痘免疫发明人茂真和尚．文史杂志，2005（5）．
[26]陈波．峨眉派功夫：峨眉山孕育的武术瑰宝．精武，2006（2）．
[27]林立．从峨眉山的人文历史谈峨眉武术的起源与发展．中共乐山市委党校学报，2007（9）．
[28]峨眉山佛教协会．历代祖师与峨眉山佛教．成都：四川人民出版社，2012．
[29]朱华高．峨眉山道教．北京：宗教文化出版社，2015．
[30]孙梅．闯入“中国西部花园”的“植物猎人”．园林植物，2016（5）．
[31]中国科学院植物研究所，峨眉山管委会．峨眉山植物．北京：北京科学技术出版社，2017．
[32]魏奕雄．药王孙思邈与峨眉山．三江都市报，2019-03-26．
[33]胡淮珍（口述），谭红（整理）．抗战期间的川大峨眉岁月．

四川大学学报，2020（10）.
[34]唐长寿. 杨升庵与“嘉定四谏”的患难之交. 三江都市报，2020-10-27.